KB187158

일본어 연체수식절의
제한용법과 비제한용법

남미영

제이앤씨
Publishing Company

이 책은 현대 일본어 연체수식절의 제한용법과 비제한용법을 종래의 의미 중심의 분석에서 형태 분석으로의 확장 전환의 개연성을 명확히 하는 것을 목적으로 저술하였다. 이 책은 오사카대학 대학원 박사학위 논문을 재정리하여 출판된 것으로 일본어 연체수식절과 관련하여 종래의 연구는 통어적인 관점에 의한 분류인 내적관계와 외적관계에서 연체수식절 내의 명사 주제화를 거쳐, 연체술어와 주절 술어 사이의 시제 분석 및 연체수식절을 둘러싼 모달리티에 관한 연구 등을 들 수 있다.

그런데, 종래 연구 등은 어느 정도 통어, 형태적으로 구별이 가능한 연구분야로 보이지만 연체수식절의 의미적인 분류의 하나인 제한용법과 비제한용법은 통어, 형태 등 어느쪽으로든 현재화되어 있지 않았다고 사려되었다.

3

이 책에서는 이러한 제한용법과 비제한용법을 재검토한 다음 그 구별의 기준이 되는 요인과 조건을 추구해 보았다. 그리고 형태적으로 현재화되어 있지 않다는 것에 대해서도 재차 검증할 필요성이 있다는 결론에 이르렀다. 이에 따라서 우선 제한용법 비제한용법의 대상인 연체수식절의 고찰범위를 재고찰할 필요가 있었다. 종래에는 제한용법과 비제한용법의 구분 요인을 파악하기 전에 피수식어의 의미특성만을 분석대상으로 제한하여 분석 내지 구분해 왔는데, 이 연구를 통해 수식절과 피수식어 자체로는 제한용법, 비제한용법의 구별이 모호하여 적확한 결론을 내리는 것은 부적절하다는 사실에 직면한다. 따라서 주절술어까지 고찰의 대상이 되어야 한다는 입장을 취하고 제한용법과 비제한용법을 구분하는 조건을 구체적으로 제시한다.

즉, 수식부가 타입을 나타내면 제한용법이고 의미특성을 나타내면 비제한용법이라는 종래의 구분은 모호하며, 피수식어가 개별 집합을 막론하고 특정지시의 유무에 따라 제한용법과 비제한용법으로 해석된다고 증명하고 있다. 특정지시는 또한 요인과 변수가 중요하여 주된 요인으로는 주절술어의 의미특징을 들 수 있다. 주로 구체적인 사건을 나타내는 동작, 지각, 감각동사등이 주절술어로 오면 비제한용법으로 해석되는 사실이다.

그리고 이 책에서는 제한용법과 비제한용법의 형태적인 장치에 대해 재검토한 부분에 비중을 두고 싶다. 종래의 제한용법과 비제한용법 연구에서는 형태적인 현재화는 논외로 하는 것이 주류였다.

복문 레벨이 아닌 연문절 이상을 대상으로하면 조응관계를 통해 조응형의 형태적인 차이로 인해 통어, 형태적으로 구별이 된다는 것을 증명한 것이다. 의미론적 고찰에만 머물렀던 제한용법과 비제한용법을 형태적인 고찰도 겸해 다각적으로 분석하는 것이 타당하다는 것에 이 책의 가치를 두고 싶다.

이상과 같은 결론이 나오기까지 많은 오류와 시행착오를 거쳐 수정이 필요한 과정이지만 많은 분들이 물심양면으로 성원해준 덕분에 이마저 결실을 맺었다 생각하며 이 자리를 빌어 감사의 말씀을 드리고 싶다. 언제나 너그러운 마음으로 바른 길을 가게 해 주신 이인영 선생님, 짧지 않은 유학 기간 내내 부족한 제자를 진정한 학문의 길로 인도하며 지도해 주신 仁田義雄 선생님에게 진심으로 감사의 뜻을 표한다. 그리고 까다로운 조건에도 성심껏 출판을 준비해 주신 제이앤씨 윤석현 사장님에게도 감사드린다.

마지막으로 언제나 사랑으로 기다려주고 격려해 주신 지금은 고인이 되신 아버님, 지금도 언제나 모자란 자식을 위해 기도해 주시는 어머님께 고마움을 담아 이 책을 바친다.

2019년 11월 29일

남 미 영

5

7

序 章

序 章

1. 研究の目的と方法

　日本語の修飾関係は[修飾+非修飾]の構造を持っている。
連体修飾節の構文構造も「修飾部+名詞」という構造で成り立
ち、[S+V+O]の言語構造に比べると、名詞を修飾する連体述
語が複数並べられる仕組みを持っている。修飾部と名詞の
間には形態的に単純な構造で成されているため、内部の意
味内容を分析するためには様々な区別の措置を考えなけれ
ばならない。

　連体修飾節に関する従来の研究はまず、意味・統語的な

観点による「内の関係」と「外の関係」、連体修飾節の中の名詞の主題化、連体述語と主節の述語の間のテンス、連体述語をめぐる陳述度の研究などが挙げられる。

　上記の従来の研究はある程度、統語、形態的に区別できる研究分野であるが、連体修飾節の意味的な分類の一つである「制限用法」、「非制限用法」は解釈の側面からは議論の余地なく分けられてきたが、形態的に顕在化していない故に我々が「制限用法」、「非制限用法」と認識する基準に関しては具体的な原因を探す研究は活発ではなかったと思われる。

　本稿はこの顕在化という点に着眼して、従来の「制限用法」、「非制限用法」の研究を踏まえて再検討した上で、その区別の基準になる原因と条件をいろいろな角度から探っていく。そして、今まで「制限用法」、「非制限用法」という研究分野は統語的に顕在化していないと断言してきたがこれについても改めて考察することにする。そのため、顕在化の有無に関する研究は考察範囲を連文以上にする。最後に連体修飾節と主名詞の間に介在する形式と連体述語を中心に日韓対照についても考察に入れていく。

14

2. 本稿の構成

　本稿では次のような順番に本論を記述していくことにする。まず、序章は本稿の全体的な流れについて触れておく。次に第一章は連体修飾節の構文構造と従来の研究を踏まえることにする。「連体修飾節」の複文での位置づけや従来の研究の流れ、即ち、連体修飾節に関わる「内の関係」、「外の関係」、主題化、テンス、陳述度等の概要を調べる。そして、上記の従来の研究と「制限用法」、「非制限用法」を関連付けた連体修飾節を考察する。

　第二章では「制限用法」、「非制限用法」の従来の立場を再検討し、またその対象になる連体修飾節構文における考察範囲を改めて組み立てる。そして、問題の所在と考察方向を決めた上で、本稿での「制限用法」、「非制限用法」の規定を改めて立てる。

　第三章、第四章は「制限用法」、「非制限用法」を区別する要因を分析し、明らかにすることに重点を置いている。まず、第三章は区別の要因の一つとして主節述語の意味制約を中心に考察する。第四章は「制限用法」、「非制限用法」解釈になる普遍的な条件の下で異変を起こす変数について考察を行う。その変数については「現場性」の有無、「文脈的な

状況」、「構文構造の影響」、「ハ・ガ」等を取り上げて分析して
いく。

　第五章は「制限用法」、「非制限用法」に形態的な顕在化は
ないといわれてきたがこれについても再検討する。今まで
の連体修飾節の「制限用法」、「非制限用法」に関する研究の
考察対象が複文レベルであったものを連文以上のレベルに
した。それによって、「制限用法」、「非制限用法」の研究に
おいて形態的に顕在化されていないという論は複文レベル
に限っての話であるということを主張する。それから、考
察対象を連文以上にした場合、形態的な顕在化に対しての
今までの主張に反論が提示されるということを明らかにし
ていく。

　次に第六章と第七章は「制限用法」、「非制限用法」という
枠からは離れているが、連体修飾節を語るにおいては欠か
せないところなので触れてみることにする。まず、第六章
では 修飾部と主名詞に「という」と「との」が介在した形式を
考察する。ここでは、主名詞の意味特徴、それぞれの統語
的な制約等を考察する。

　第七章では連体述語の相違点という観点から「日・韓」の
対照を行う。構文構造の面から共通点が多い日本語と韓国
語は特に連体形においては異なる仕組みを見せる。した

16

がって、連体修飾節の研究を展開するにおいて注目せざる
を得ない。ここでは特に連体形に中心をおきながら対照し
ていく。最後に決章では上記の考察を通して得た結果を取
り上げることでまとめる。

連体修飾構造の概要と
「制限用法」、「非制限用法」

連体修飾構造の概要と
「制限用法」、「非制限用法」

1. はじめに

　日本語の連体修飾節は「名詞句+名詞」という構造で成り立っている。形態的に単純な構造であるため、内部の意味内容を分析するには様々な区別の措置に取り組まないといけない。更に「名詞句」においても欧米の言語に比べてみると、名詞を修飾する連体述語が複数並ぶことができる仕組みを持っている。

　本章ではこのような連体修飾節をその構造から考察を試

みた後、従来の研究の概要と、更に意味論的分類の一つで
ある「制限用法」、「非制限用法」との関連を取り上げ、分析
する。

2. 複文における「連体修飾節」の位置づけ

　日本語文は構造上、一般に単文・複文・重文の三つに分
けられる。複文と重文とは複数の節からなるという点で共
通しているが、異なる点は節と節の関係が複文では一方が
主で、他方が縦であり、重文では対等な関係であるという
ことである。その中で、複文は「従属節」を含み、従属節の
細分化として連体修飾節が分けられ、文の成分として機能
している。節が名詞の前に置かれて修飾している形を連体
修飾節というように呼ぶのが普通であるが、これを森岡
(1965)は、

　(1)　a. あそこへ行く/のはいやだ(準用節)

　　　　b. 彼が行った/(という)話は聞かない(引用節)

　　　　c. 白っぽい緑のかたまっている/林を見た(連体従属節)

(p21)

　上記のように[a]、[b]、[c]に分けて述べている。即ち、論理や表現のような意味的要素をできるだけ排除し、形態を基準に細分化している。[a]のように主名詞に「の」のような形式名詞がくる準用節、[b]のように「と、という…」等の引用に関わる接続形式が使われたものは引用節に、[c]のように修飾部が直接に実質名詞に付く文は連体従属節と命名している。更に、野田(2002)は複文を構成する節の種類[1]として、主文に対する機能からみた節の種類を次のようにみている。

　　(2)　a. 述語を拡張する節：連用節

　　　　b. 名詞に相当する節：名詞節

　　　　c. 名詞を拡張する節：連体節　　(p10)

1　一方、野田のほか、橋本(2003a)の従属節の種類をみると、
　　a 接続助詞等を伴う連用修飾節
　　b 連体修飾節
　　c 文全体を名詞化する「の」節
　　d 引用の助詞「と」「って」等を伴う引用節
　　e 「か」を伴う疑問節
　　f その他
　　と述べている。
　　(p185)

複文を構成する節を従属節とし、[a]は「連用節」、[b]は「名詞節」、[c]は「連体節」というように三つに分けている。野田(前掲)は上記の分類にしたがって、次のような例文を取り上げて問題視している。

(3) a. <u>大雪が降った日</u>、バスも電車ものろのろ運転だった。
 b. <u>大雪が降った</u>日はバスも電車ものろのろ運転だった。

(p12)

例文(3)の「大雪が降った日」を節[2]と考えると時を表す連用節になるが、「大雪が降った」までを節と考えると、その節を受ける「日」を限定する連体修飾節になると言う。ところが、名詞を拡張する節が連体修飾節で、更に節が名詞を修飾するという規定から連体修飾節を考えると、「大雪が降った日」は連体修飾節ではないというのは受け入れにくいと考えられる。

---

2 ここで議論になるのは句と節についての定義であるが、これは学者によってそれぞれである。論者は詞と辞とが結合した文節に当たるものを句とし、節は主語・述語が備わった、もしくは主語が省略されていても文に準ずるものを含む文としての性格を有する主節の一部分であるものを節と見なすことにする。

　要するに、見方によって「連用節」にも「連体節」にもなり得ると思われがちであるが、上記のことから「連用節」の扱いは問題があることが分かる。したがって、名詞を節が修飾する形という定義に基づくと「連用節」、「名詞節」、「連体節」、これら三つすべてを連体節として扱うのが好ましい。

　一方、従属節が名詞を修飾する構文、すなわち、連体修飾節に関する研究は大きく次のように二つに分けることができる。まず一つは、連体修飾節を文の中から切り離して独自の対象とするものであり、もう一つは、連体修飾節と主節との文法的関係を対象にするものとに挙げられる。前者の場合、修飾部と主名詞(被修飾語)の関係のあり方に基づいた「内の関係」と「外の関係」が代表的であり、また修飾部と主名詞を接続する形式を類型化し、その接続形式の類型によって使われる主名詞を分析する研究等が行われてきた。

　一方、後者の場合は、主名詞が文の中で主題になるかどうかに関わる主題化の問題や、連体修飾節と主節とのテンスに関わる研究が挙げられる。更に修飾部の意味内容に陳述性があるかどうかによる分類等、複文の中での有機的な関係を探る研究である。

2.1. 構文構造から見た連体修飾節

　名詞を節が修飾する構文を「連体修飾節」と呼び、更に、連体修飾節の構文は複文に属する従属節であるため、主節と有機的な関わりを有している。

(4)　母乳を終えた 赤ちゃん には離乳食が要る。
(5)　唇の美しい 女性 は魅力がある。

　例文(4)と(5)は修飾部である「離乳食を終えた」、「唇の美しい」[3]のような連体修飾構文が従属文でありながら、複文の中の一つの成分として機能している構文である。

　修飾部を受ける名詞、名詞を修飾する節に対して、現代日本語学では前者を「主名詞」や「被修飾語」、後者を「修飾節」と呼んでいる。ここでは節の修飾を受ける名詞を「主名詞」、修飾する節を「修飾節」と統一することにする。これらを踏まえてまず、以下から従属節の中で修飾部が「節」である「連体節」を基本にした構文構造について見ていくことにする。

3　連体修飾構文を表示するに当たって修飾部は下線で主名詞は四角い
　で囲んだ形で示すことにする。

2.2. 日本語の連体修飾の多重連体修飾構文について

　現代日本語の連体修飾節は修飾部と主名詞とに分けることができるが、さらに修飾部を成している連体修飾成分は修飾機能を果たしている連体述語を中心として結び付けられている。

2.2.1. 単一連体修飾構文

「修飾部＋名詞」の構文を連体修飾節構文の基本とした場合でも、日本語の連体修飾構文には連体述語が単一である場合と多重述語の場合に分けて考える必要がある。まず、次に単一連体述語の例を見てみよう。

(6)　無理に焼かれた 皮膚 には老化が早められるだけだ。
　　　（見84）

(7)　真っ赤に被照った 親指 が、京子の唇がつくった/小さな 風 に冷されていく。（百103）

　例文(6)は「無理に焼かれた」が「皮膚」を修飾していて、修飾部が単一の修飾節になっているものである。例文(7)にも同じことが言える。これを図式化してみる。

[図1a]

<u>無理に焼かれた</u> ＋ 皮膚 ⇩ ［修飾節 ＋ 主名詞］ （修飾部）

[図1b]

真っ赤に被照った ＋ 親指 ⇩ ［修飾節 ＋ 主名詞］ （修飾部）

「単一連体修飾構文」というのは「修飾部」は単一連体述語を基本とする節と見なしたい。

2.2.2. 多重連体修飾構文

例文(7)は「京子の唇が作った」と「小さな」が同等な資格で「風」を修飾しており、修飾部が多重連体修飾構造を成している。それでは、これを次のように図式化してみよう。

[図2]

> 京子の唇を作った／小さな　＋風
> ⇓
> ［修　飾　節　／修飾語］＋「主名詞」
> （修飾部）

　多重連体述語構文というのは主名詞を修飾している修飾部が構造的に二つ以上の成分に分けられる連体修飾構造のことである。連体修飾節の構造的な類型は単一連体述語構文のように修飾部が一つの述語で構成しているものもある反面、修飾節と主名詞の間に、幾つかの連体修飾成分を含んだ修飾語句が介しているものもあるが、ここでは後者のことを多重連体修飾構文と見ている。これに関連付けて見てみると佐久間(1960)は「強い朝風に威勢よくひるがえるわがやの国旗…」という構文について、「『強い朝風に威勢よくひるがえる』と『わがやの』が各々『国旗』を修飾する…中略。(p43)」と述べたことがある。それでは修飾節と主名詞の間に介する修飾語について見てみることにする。

(8)　昼食に軽いものを食べる／アメリカ式の人は朝食に量多く食べる必要がある。(見19)

(9) あるいは秘書に電話帳をひかせて用をすます/偉い/老人
   なのかもしれない。(見35)

(10) 会社に毎日出勤している/あの人はだれだ。

　例文(8)、(9)、(10)は修飾節と主名詞の間にそれぞれ「アメ
リカ式の」、「偉い」、「あの」などの修飾語が付いている。概
ね、修飾語[4]には例文(8)のような「の」によるもの、例文(9)
のような連体述語によるもの、例文(10)のような連体詞(指
示詞も含む)によるものがある。

　ところが、[修飾節+名詞「の」+名詞…]のように、「の」によ
る修飾語を含む構造には修飾節の連体述語が直接に主名詞
と意味的に関るものも、関らないものもあるので注意すべ
きである。以下の例を見る。

(11) 星のさんね、昔の彼を忘れられない/[あたしの/隠れミ
   ノ]をしてくれたの。(百206)

4　橋本四郎(1973)は「修飾語」について、
　「連体修飾語をその構造の型から類別すれば、
　①連体詞によるもの
　②活用を持つ語の連体形によるもの
　③格助詞「の」によるもの」

　　a.*昔の彼を忘れられない/あたし

　　b.*昔の彼を忘れられない/あたしの/隠れミノ

更にこれを図式化すると、

[図3]

```
昔の彼を忘れられない/あたしの/隠れミノ
⇩               ⇩     ⇩
[修飾節　＋　修飾語+「の」] +「主名詞」
（修　　　飾　　　部）
```


　例文(11)は、上記の例文(10)のように[修飾節+名詞+の+名詞]のように多重の修飾構造と思われるが、修飾節の連体述語「忘れられない」が主名詞「隠れミノ」に関ると、「*昔の彼を忘れられない/隠れミノ」のように非文になる。したがって[図3]の図式は正しくない。例文(11)は次のように、

[図4]

```
昔の彼を忘れられない　あたしの　　隠れミノ
⇩               ⇩     ⇩
[修飾節(修飾部)+　修飾語+「の」/
（修　　飾　　部）　　　　　　　主名詞
```

単一修飾構造である「基本修飾構造」として認識するようになる。これに対して、次の例文に注目してみよう。

(12) 気の抜けたような/肩の荷を降ろしたような/ごく自然な/笑顔だった。
   a. 気の抜けたような 笑顔
   b. 肩の荷を降ろしたような 笑顔
   c. ごく自然な 笑顔

例文(12)は二つ以上の修飾節と修飾語が積み重ねている構造である。修飾節である「気の抜けたような」、「肩の荷を降ろしたような」と修飾語「ごく自然な」が修飾部になっており、これらが主名詞の「笑顔」を均等な資格で修飾している。

そのほか、多重の修飾構造は、修飾部の連体修飾成分が文節以上の構造に成しているものや、文の長さには無限大に伸ばすことができると言えよう。このように連体修飾節の構文構造というのは連体述語を中心にしているが、主節述語のように単一述語でまとまるものもあれば、主節述語には成り立たない、多重述語を有するものもある。それでは次節では名詞を修飾する節である連体修飾節を対象にどのような角度から研究が行われてきたか述べてみる。

32

3. 従来の研究方法

連体修飾節の研究を語る前に、その流れや様々な方法に目を向けてみる必要があると考えられる。まず、「内の関係」と「外の関係」について検討した後、順番に連体修飾節の中の名詞の主題化をめぐって論ずる事にする。次にテンスとの関り、陳述度を再検討し、最後に本稿の主題である「制限用法」、「非制限用法」を考察することにする。

3.1. 連体修飾節の研究の流れ

3.1.1.「内の関係」と「外の関係」

連体修飾節の研究方法として「内の関係」と「外の関係」は前から重要な課題と語られてきたが、寺村(1975)に来てより活発に研究されてきたと思われる。

寺村は連体修飾節を対象にし、意味・構文的な側面から修飾部と主名詞との関係を考察しながら主名詞の意味類型にも注目した。まず、規定を見てみると、主名詞[5]を修飾部

5　「被修飾語」または「底の名詞」等とも呼ばれるが、ここでは「主名詞」に統一しているため、学者それぞれの実際の用語とは異なる場合もあり得る。

の中に入れ、全体を「述定」の構文に書き換えることのでき
る同一文内の関係を「内の関係」と言い、そうでない同一文
外の関係を「外の関係」にする二つの類型を提示している。
それでは、「内の関係」から見ていこう。

3.1.1.1.「内の関係」

まず、「内の関係」の例を挙げてみる。

(13) a. ちょうど顔を上げた[彼女]と目が合った。(百12)

  b. 彼女が顔を上げた。

(14) a. 無理に焼かれた[皮膚]には老化が早められるだけだ。

   (見84)

  b. 皮膚が無理に焼かれた。

　例文(13)は修飾部である「顔を上げた」の中に主名詞である
「彼女」を入れることができ、例文(13b)の「彼女が顔を上げ
た」のように自然文になる「内の関係」である。また、例文
(14)の修飾部である「無理に焼かれた」の中にも主名詞の「皮
膚」が入り、「皮膚が無理に焼かれた」のように自然文となる。
　しかし、

(15) a. 親友が結婚した 相手 と喧嘩をした。

　　 b.*相手は親友が結婚した

　　 c.??その相手は親友が結婚した

　　 d. その相手と親友が結婚した

　上記の例文(13)、(14)とは異なって、例文(15)は主名詞である「相手」が修飾部の中に入るにはある程度の操作を加えないと例文(15b)、(15c)のように不自然な文になる。これは修飾部の中に主名詞が文成分として入るといってもそのままの形で入る場合と、何らかの指示詞を伴わなければならないという段階があることを示している。再び段階について述べると、主名詞の意味特徴か構文的な理由か何らかの要因からそのまま何の操作もなく入られるものと、「その」のような前方照応で特定指示をしなければならないものや、例文(15)のように「結婚する」「相談する」のような相対動詞は「～ニ」や「～ト」に助詞を入れ替えなければ述定にした時、自然文の解釈ができない場合がある。

　大体、「ガ」、「ヲ」のような必須成分に付きやすいのはそのまま何の操作せずに連体修飾構文が一般文になりがちであるが、必須成分から遠くなればなるほど、多くの操作を経ることになる。

結局、「内の関係」は寺村(1992、p192～199)の定義のように「主名詞を修飾部の中に入れ、全体を「述定」の構文に書き換えることのできる同一文(p)」であるが、文成分の観点から見て、文の成分であっても、形式名詞等のように主名詞の意味類型によって「内の関係」には入りにくい場合もある。

3.1.1.2.「外の関係」

例文(16)を持って「外の関係」について述べていくことにする。

(16) a. おねえちゃんの泣いている姿はもう見たくない。
　　　 (白24)
　　 b.*姿がおねえちゃんが泣いている。

多くの場合、主名詞を修飾部の中に入れて自然な文になる「内の関係」に対して、例文(16)は主名詞である「姿」を修飾部「ねえちゃんが泣いている」の中に入れることができない。このような修飾部と主名詞との関係が「外の関係」である。また、「外の関係」の特徴の一つとして「主名詞」の意味類型を挙げることができる。「外の関係」の主名詞になるのは、文成分の必須性の他、ある共通点がある。それでは次

36

の例文から確かめてみる。

(17) a. たんぱく質をすこし取る 必要 がある。(見19)

　　 b. *その必要…たんぱく質をすこし取る

(18) a. せっかく、ここに来る 用事 ができたのに。(百124)

　　 b. *その用事…ここに来る

(19) a. 誘導審問にひっかかってしまった かっこう だ。(百171)

　　 b. *そのかっこう…誘導審問にひっかかった

　例文(17)、(18)、(19)の主名詞である「必要」、「用事」、「かっこう」はすべて抽象名詞に属するものである。この類の抽象名詞は修飾部の意味内容が主名詞に対して、「目的」、「原因」、「結果」等のような意味関係を表していることが多い。更に、

(20) a. あれじゃ女として最後のお勤めを果たす 気 にはなれません。(恍 164)

　　 b. *その気～最後のお勤めを果たすことだ

(21) a. 彼女は倉庫の中で何時殺されるか分からない 恐怖 を覚えた。(恍 180)

　　 b. *その恐怖～何時殺されるか知らない

37

(22) a. 重いものを長く運ばせられた うらみ が、旅のよい思

　　　い出を曇らせてしまう。(見 33)

　　b.*そのうらみ～重いものを長く運ばせられた

　例文(20)、(21)、(22)の主名詞「気」、「恐怖」、「うらみ」は
感情、感覚を指し示す抽象名詞である。これらは主体が明
示されていても修飾部の中に入ることが出来ない。身体の
一部や所有物を表す普通名詞の「主名詞」であれば特定の主
体が類推できるのでそのまま修飾部に入れられる。ところ
が、人の心や触覚から湧き出るものを表す抽象名詞のこれ
らは修飾部の意味内容と合わせて二次的意味が発生するの
で入りにくいのである。

　これまで考察してきた主名詞の意味類型を整理すると、
例文(17)、(18)、(19)の主名詞は因果関係を表し、例文(20)、
(21)、(22)の主名詞は心的表現によって起きる二次的な原因
を表すものであった。ところが、そういう意味類型の他に
も、次のように「外の関係」と捉えられる場合があった。

(23) a. 自分を責めたい 言葉 (自68)

　　b.*その言葉～自分を責めたい

(24) a. 口をきく ひま もなく、ソデにされちゃうだけだ

から(見44)

b.＊そのひま～口をきく

(25) a.　達郎は苦虫を噛み潰した顔で、吐き捨てるように

言った。(百84)

b.＊その顔～苦虫を噛み潰した

　これまでの「外の関係」になる条件のポイントは「内の関係」に対して、主名詞が修飾部に入るべき必須成分ではないということであった。ところが、それ以外にも次のような理由もある。言わば、そういう文になる「主名詞」の特徴は上記に述べたように、因果関係、感情、感覚を表し、そこから二次的な意味合いを発生する名詞類が目立つと考えられる。

3.1.1.3. 所謂「内の関係」と「外の関係」の定義

　まず、「内の関係」、「外の関係」に関して、仁田(1980)は、

「連体修飾節に当たるものを連体結合の連語と呼び、

ア)　主要語である体言が修飾部である動詞の格成分として意味解釈されるもの。

a.　その話を聞いた人達がここに居る。

⇒人達がその話を聞いた。

　イ）最後に修飾成分と主要語たる体言との関係のあり方
　　を等価型の名詞として意味解釈できるもの。
　　b．太郎が走っている 姿 が目に浮かぶ。
　　　⇒ 太郎が走っている＝姿　〚等価型の名詞文〛
　ウ）「時・所名詞」が主要語になって何らかの形で「状況成
　　分」との関係で意味解釈されるもの。
　　c．いろいろな事をした 青春時代 がとてもなつかしい。
　　（p119～144）」

　と述べて、これらを上記のように三つのタイプに分けて
いる。例文[a]は被修飾語(主要語たる体言)「人達」が修飾部
の動詞「聞いた」の「格成分」として「人達がその話を聞いた」
のように意味解釈される。
　次に、例文(b)は修飾成分「太郎が走っている」と被修飾語
(主要語たる体言)「様子」が等価型の名詞文として意味解釈
することができる。例文(c)は修飾部「いろいろな事をした」
が被修飾語「青春時代」の「状況成分」として意味解釈される
ものである。ア)と ウ) は寺村の「内の関係」、イ)は「外の関
係」に当たる。
　特にここで注目すべきことは、仁田の連体結語の述語の
対象になっているのは動詞に限られる[6]が、それを除くと装

40

定を述定にかえる「述定化[7]」を共通的に行っている。

　次に奥津(1974、p202)は寺村の「内の関係」に当たるものを「同一名詞連体修飾構造」と言い、「外の関係」に当たるものを「付加名詞連体修飾構造」とし、さらに後者の構造を取る名詞には「相対名詞(前、後など)」と、「同格連体名詞[8]」があると示している。

　大島(2005　p105)はこれについて、

　「「内の関係」がいかなる名詞についても成立しうるのに対して、「外の関係」はある特定の名詞のみが形成できるものである。「外の関係」の場合、連体修飾節の形式を決めているのは個々の名詞が独自にもつ統語的・意味的性質である。言い方を変えれば、名詞がもつ特性が統語形式に反映されるのが外の関係である。「内の関係」では名詞がもつ統

6　連体述語は連体修飾節の中心述語を言う。下位分類としては形容詞の連体形、名詞述語の連体形、動詞の連体形があり、体言を修飾する機能を有している。

7　寺村(1975)は「述定」と「装定」について、「「白い花」と「あの花は白い」における「白い」と「花」の結びつき方を区別して、JepersenのJunctionに当たる前者を「装定」、Nexusに当たる後者を「述定」と呼んでいる(p178)」

8　「という」が挿入できる「コト、モノ」等のような形式名詞が連体修飾成分で表される出来事の一部を示す。

語的・意味的性質が統語形式に反映されるのではなく、主
名詞はあくまで二つの文のいわば「結び目」として機能す
る。(p105)」。

　と述べている。

　奥津、仁田、寺村等の主張を通して「内の関係」、「外の関
係」というような区別が連体修飾節と主名詞における共通理
解として生まれたと言えるのは確かである。

　それでは次に連体修飾節における研究方法の中で、「内の
関係」、「外の関係」以外に他の研究方法はどのように行われ
てきたか見ていくことにする。

3.1.2. 連体修飾節の中の名詞の主題化をめぐって

　名詞の主題化に関する研究の流れをめぐっては一般に連
体修飾節構文において提題(主題)の「は」は連体修飾節に入
れない反面、対比の「は」は連体修飾節に入れられるという
ものがある。まず、野田(1998)での「は」の基本的な性質を
まとめたものを参考にしてみる。

　「[「は」の基本的な性質]」

　①「は」の文法的な性質―格ではなく、文の主題

　②「は」が使われる文―格成分の名詞が主題になった文の

42

ほか、連体修飾の「〜の」の中の名詞が主題になった文、被修飾名詞が主題になった文など

③文章・談話の中の「は」―「は」が使われる文は、前の文脈にでてきたものや、それに関係のあるものを主題にする。話題を継続するのに使われる。

④従属節の中の「は」―主題の「〜は」は出てこない。

⑤「は」の対比的な意味―主題を表す働きが弱く、対比的な意味を表す働きが強いものがある。(p2〜8)」

　特に④と⑤の項目で従属節、即ち修飾節の中の「は」は主題の機能より対比機能が強いと述べている。これに関連して大島(1995)は、

「連体修飾節の基本的な機能を「限定」と捉え、「は」の基本的な機能を「言及範囲の設定」[9]とする。この二つの事柄を考

9　大島(前掲)
　「「は」の基本的な機能は「言及範囲の設定」で、言及範囲外の事物は不問に附される。「は」が対比のニュアンスをもたないため誘導推論的プロセスが生じず、その文に明示的に示されていることがら以外は列挙されることはない。他方、連体修飾節の基本的な機能は限定であり、すべての連体修飾節に共通するのは属性限定の機能であった。「限定」というのは複数のことがらの中から一部を取り出す操作である。「は」が対比のニュアンスをもたない場合、その文の言及内

えあわせることにより、提題の「は」は連体修飾節に入りに
くく、対比の「は」は容易に入れる。要するに[10]「は」を持つ
文が連体修飾可能か否かは、その文が対比命題を想起させ
るか否かにあって、その大きな要因としては「は」のつく語
句の語彙的特徴や言語外の知識など語用論的な要因があ
る。(p102)」

　と主張している。

3.1.3. 連体修飾節とテンス

　砂川(1986)等の学者らは従属節時制に触れて、基本的には
主節時制によって決定されると主張している。しかし、こ
れに対して三原は(1992)「視点の原理」をもって次のように
決定的な証拠をもって反論している。

　　容以外のことがらは列挙できない。ことがらを取り出す母体が存在
　　しないのである。それゆえ「は」が対比のニュアンスをもたない場
　　合、その文は連体修飾節となりえない(p103)」と述べている。
10　大島(前掲)は次のような例文を挙げている。
　　a. 美知子はケーキが大好きだ → ＊美知子は大好きな/ケーキ；提題
　　　の「は」
　　b. その秘密は親には言えない → 親には言えない/秘密；対比の「は」
　　　(p109)

44

[1]. 主節・従属節時制形式が同一時制形式の組み合わせ
　　となる時、従属節時制形式は発話時視点によって決
　　定される。

　　a. 越前海岸で自殺した女性はそこへ行くのにタクシーを
　　　使った。

　　b. 転居する人は普通、転居後住民登録をする。

[2]. 主節・従属節時制形式が異なる時制形式の組み合わ
　　せとなる時、従属節時制形式は主節時視点によって
　　決定される。

　　a. 修論を書いている学生がその学会で発表した。

　　b. 英語の試験がトップだった人を採用しよう。(p21〜23)

　例文[1]aの連体述語「自殺した」と主節の述語「使った」は
「タ形」なので同一時制形式である。発話時より連体述語の
出来事が過去であったので、主節・従属節時制が同じ形式
である場合、従属節時制形式が発話時視点によって決定さ
れるというルールに当てはまる。また、[1b]場合も連体述語
の出来事が発話時より行われていないと想定できるため、
[1a]同じことが言えよう。

　一方、[2b]は連体述語「トップだった」と主節の述語「採用

45

しよう」は異なる時制形式である。主節・従属節時制形式が異なる時制形式の組み合わせとなる時、従属節時制形式は主節時視点によって決定されるというルールを適用してみると、主節時視点「採用する」より従属時視点「トップだ」のほうが過去の出来事になり、自然に当てはまる。したがって、三原の「視点の原理」は従属節と主節の時制を語る時、有用な装置ということが分かる。

　岩崎(1998、p56)[11]は連体修飾節のテンスについて「内の関係」、「外の関係」と関連付けて整理している。また、大島は「外の関係」でも主節時視点が一般的であると述べている。

　更にまた、「視点の原理」[b]に関しては三宅(1995、p58)に「制限用法」、「非制限用法」に関する議論があるが、これは「テンス」と「制限用法」、「非制限用法」に関する本稿の本論に触れるので、この点については[3.2.3]でより詳しく考察することにする。

11

	内の関係	外の関係
従属節：タ/主節：タ	発話時視点	主節時視点
従属節：ル/主節：タ	主節時視点	主節時視点
従属節：ル/主節：ル	発話時視点	発話時視点
従属節：タ/主節：タ	主節時視点	主節時視点

3.1.4. 連体修飾節の陳述度

陳述を述べるに当たってはモダリティ-関連について語らざるを得ない。まず、山岡(1995)に関して

「陳述は一つの文の完結性や統一性をどこに求めるかという文論上の概念であって、日本語ではモダリティ-式によって話者の主観的態度が表明しされることで文が完結する傾向性があるため、結果的に陳述とモダリティ-概念とが重なっているに過ぎない…中略…要するに陳述の概念は、モダリティ-話者の心的態度)と文の完結性・統一性との複合概念と見放してもよい。(p310)」

というように規定している。

大体モダリティ-式が集中しているのは述語である。複文を対象にした場合、主節の述語に陳述があるのは言うまでもないが、連体述語を対象にした場合はどうなるのかが連体修飾節に関わる陳述の問題である。そもそも、連体述語に陳述の有りかに関する議論は時制の有無を通して研究されて来た。まず、高橋(1979)はこれに関連付けと属性付けとに分けて説明しているがそれを要約すると、

[1]. 関係づけの動詞句：文に従属的(陳述性あり)する。

    a. で、ふたりは海外からくる返事を待った。

[2]. 属性づけの動詞句：文に影響されない(陳述性なし)。

    b. そのことばの調子はやさしくも急所に打ち込む針のよ

    うなするどさがあった。(p323～420)

上記のようである。

意味的な観点から捉えた陳述を観察している。特に属性
付けの動詞句においては動詞が連体的な動詞句となって、
属性づけのかかわりで機能する時、動詞のカテゴリーを失
い、同時に動詞本来の動詞らしさを放棄して、みずからを
動詞から解放するということで陳述性を否定している。一
方、金水(1987)が語った従属節の中の時制を要約すると次
のようである。

[1]. [属性]— 時制を含まない文脈独立指示的

    a. 肉で巻いた野菜、

[2]. [事態]— 時制を含む

    b. 山田さんが去年読んだ本 (p280～298)

修飾部の意味内容について従属的または独立的というの

は主文との関わり、統語構造、文法カテゴリーの存在有無によるものであるが、中でも時制の有無の存在が形としても重要な区別の基準になっている。

　ところが、属性づけの場合においては文に影響されないというのは無理があるよう。例えば、「母に似た人」、「よく消える消しゴム」、「曲がった道」等の例文では、一定の固定ルールが見えるようだが、「花子が急所に打ち込む針」のように「花子が」という任意要素を加えると、連体動詞(いわゆる連体述語)の「打ち込む」の動作性は働いていないように見える。

　時制の有無という分析からは[2]aの修飾部「肉で巻いた野菜」を「時制を含まない属性」と見ているが、連体修飾節が複文の一つである前提の下では主節述語を含む文全体を考慮に入れないと「動作性」の有無は判断できない。

　すなわち、主節述語まで把握せずに、連体修飾節構文だけを切り取って、連体述語における「時制」の有無を判断づることは様々な変数が多すぎるので明確に判断できない。先の高橋の事例でも同じことが言えよう。

　一方、統語的な観点から捉えた陳述というのがある。いわゆる連体述語の文末形式における制限というのがある。ここではそれに焦点を当ててみることにする。

　連体述語の中でも連体動詞の動作性の機能による意味分析は、一方が文脈依存的、他方が文脈独立的というのではなく動作性を取り上げるという観点から文脈依存的であると言えよう。そして、動作性に関する分析はすでに出来上がった文の中にある、連体動詞句と被修飾語との一定のまとまりとして分析してきたが、不適合な分析方法だと指摘したい。

　要するに、文中で連体修飾節だけを取り上げるのは不適当な方法であるということを言いたい。陳述については上記に述べたこと以外にも連体述語の形態的な制約、例えば文法カテゴリーを全部は収容できない、または終助詞は付かない等が挙げられる。

　それでは次の節でこの辺に関する研究方法が「制限用法」、「非制限用法」とどのように関わるかを考察することにする。

3.2. 連体修飾節における「制限用法」、「非制限用法」

　これまで連体修飾節を対象にした様々な研究方法を見て
きた。まず、連体修飾節での主名詞を述定にした場合、自
然に文に成り立つかどうかを問う「内の関係」「外の関係」が
あり、次に従属節の一つの成分である主名詞が「は」等を
伴って主題になるかどうかが問われる研究、また連体述語
と主節述語の時制に関わる研究、更に連体述語の時制の機
能の有無を問う陳述度の研究などが挙げられる。これらを
別々見てみると有機的な関係がなさそうに見えるかもしれ
ない。

　連体修飾節のもう一つの研究方法で、修飾部が主名詞の
タイプを表す「制限用法」と修飾部が主名詞の特徴を表す「非
制限用法」の観点から分析すると何らかの共通点が見られる
が、「制限用法」、「非制限用法」における詳しい定義は第二
章で述べることにする。

　本稿では連体修飾節の「制限用法」と「非制限用法」に関わ
る研究を従来の様々な研究方法を通して「制限・非制限用法」
との共通点と相違点を考察し、その意義を考えてみること
に目的がある。まず、「内の関係」と「外の関係」から見てみ
よう。

51

3.2.1.「内の関係」、「外の関係」と「制限用法」、「非制限用法」

以下では典型的な「内の関係」、「外の関係」になる例を取り上げる。そして、これらが「制限用法」、「非制限用法」とどう関わるかを証明してみることにする。

> (28) a. 信一郎は今美枝子の唇を思い浮かべていた 自分 を指摘された思いだった。(自11)
>
> b. 自分は/が美枝子の唇を思い浮かべていた。
>
> (29) a. 信一郎は再び真剣勝負をまぬかれた 緊迫感 を覚えた。(自65)
>
> b. *緊迫感が真剣勝負をまぬかれた。

例文(28)は主名詞である人称代名詞の「自分」がbの「自分は美枝子の唇を思い浮かべていた」と修飾部の中に入れられる。いわゆる「内の関係」の典型的な例である。これは主節の主語である「信一郎」を示しているからでもあるが、そもそも、人称代名詞「自分」は漠然とした対象ではなく特定の誰かを示す人称代名詞であるので付加的な指示表現なしで主節に入ることができるのである。

それに比べて、「外の関係」の例文(29)の主名詞「緊迫感」のような名詞類は抽象的で連体述語が要求する必須成分で

もない。そのため、修飾部である「真剣勝負をまぬかれた」の中に入れることはできない。こうような研究方法を「制限用法」、「非制限用法」と言うが、これをもってより詳しく分析すると次のように述べることができる。

「内の関係」というのは主名詞が修飾部の中に入る必須成分でなければならないという定義の下で成立しているが、上記の例文(28)のような主名詞の意味的な特徴から分かるのはすでに特定している固有名詞や特定しやすい代名詞等のような名詞類が来やすいという事実である。

更に「非制限用法」の大まかな定義である「修飾部が主名詞を特徴付ける意味役割」を基に考えてみると、主名詞は総称名詞のようなタイプではなく元々特定されている性質を持つものである[12]と言える。

要するに「内の関係」の主名詞に来やすい名詞類、いわ

12　しかし、「内の関係」、「外の関係」は修飾部の中に主名詞が収めるが優先なので、例えば、同じく「話」という主名詞であっても、「昨日、花子が離婚した話を聞いた」という例では修飾部の中に入れることができなく。
　　一方、「昨日、太郎から聞いた話は花子が離婚氏という話だった」という例においては「太郎から話を聞いた」のように「話」が必須成分として機能していれば、修飾部の中に入れることができるのである。したがって、主名詞の意味的な特徴がある程度見分けに影響を及ぼすことはできても絶対的ではない。

ば、固有名詞や代名詞等が「非制限用法」の主名詞にも来やすいということが分かる。一方、前者の主名詞らが特定されやすい名詞類であったことに対して「外の関係」、「制限用法」の主名詞は抽象名詞や普通名詞等のように特定、個別化されにくい意味的な特徴を有している。勿論「内の関係」と「外の関係」、「非制限用法」と「制限用法」は根本からの定義が異なっているのでまったく一致することはできない。

　しかし、主名詞をもって考察するとその意味的な特徴にある程度の共通点があることは否定できない。次は「は」と「制限用法」、「非制限用法」の問題についても触れることにする。

3.2.2.「は」と「制限用法」、「非制限用法」

　連体修飾節の主題を取り扱う上で、対比と主題の比較線上の連体修飾節の中の名詞の主題化とする研究が主に行われてきたが、この章では主題化が「制限用法」、「非制限用法」との関連を探ることに目的があるので、主名詞に[は]が付いた構文を中心に論じていくことにする。それでは次に詳しく見てみよう。

　「は」の付いた主名詞の研究は主名詞を主題として扱い、述定化した場合、成り立つか否かという方向で扱われてき

た。しかし、本稿では主題としての「は」に限定するのではなく「は」全般を対象にするのでもなく、更にまた主名詞が複文全体で機能しているかの問題ではないので対比や主題の区別とは距離がある分析をする。言い換えると「制限用法」、「非制限用法」を区別る基準とそれに関わる条件を考察するにおいて「は」は主題に限る必然性はない。

(30) 大学に入学した人が ここに来た。

(31) 大学に入学した人は ここに来た。

例文(30)は「制限用法」としても解釈は可能であるが、「現場性」[13]を帯びている文になると、ある特定の「人」と認識されるため、「非制限用法」の解釈も可能になる。これに比べて、例文(31)の場合は「大学に入学した人」という類の「人」としてしか解釈できないため、特定の「人」には認識されにくい。

したがって、「制限用法」の解釈しかできない。このように「は」が入るだけでも「制限用法」になるということから分か

---

[13] 「現場性」を現すために「が」が使われたとすれば、「現場性」の条件になってしまって、重複になる。この問題は当分保留にする。

るのは、主名詞に付く「は」や「が」などが「制限用法」、「非制限用法」の分ける変数として働いているという事実である。

　ところが、主名詞の意味類型や連体述語の陳述度等の変数に比べるとその基準が緩いので、「は」による「制限用法」、「非制限用法」はまだ確定しにくい。

3.2.3. テンスと「制限用法」、「非制限用法」

　三原(前掲、p22)は「視点の原理」[14]で連体述語と主節述語との有機的な関係を触れたが、「制限用法」、「非制限用法」に関わる議論に対して、三宅(1995)は三原の「視点の原理」[b]「主節・従属節時制形式が異なる時制形式の組み合わせとなる時、従属節時制形式は主節時点によって決定される」について言及し、すべての連体修飾節に当たるのではなく「制限用法」と「非制限用法」という観点から見ると「非制限用法」においては[b]の原理は節の時制は主節の時点専ら発話時視点によって決定されると述べている。

　多少本稿での「制限用法」の規定[15]には合わないものの、テンスというカテゴリーを用いた研究方法においても「制限

14　[3.1.3]参照
15　「主名詞」の規定の有様が異なっているがこれは本論2章で述べることにする。

用法」、「非制限用法」は深い関わりがあることが分かる。

　更に、三宅(1995)は連体修飾節の時制においても次のように触れている。三原(1992)は、従属節時制に関する従来の研究、例えば砂川(1986)において仮定された「従属節時制は基本的には主節時制によって決定される、あるいは主節時制のある種の影響の下に決定される」という原則を批判する。

　(32) 越前海岸で自殺した女性はそこへ行くのにタクシーを
　　　 使った。
　(33) 転居する人は普通、転居後住民登録をする。

「視点の原理」を立て、論を展開している。これに対して、また更に三宅(1995、p58)は制限的な修飾節と非制限的な修飾節ではこの「視点の原理」に関しては振る舞いが異なると述べている。例えば、

　(34) 修論を書いている学生がその学会で発表した。
　(35) 英語の試験がトップだった人を採用しよう。

　上記の例は制限的連体修飾節である。従属節が主節時の視点により決定されるという「視点の原理」に違反していな

い。しかし、これに対して、非制限的な連体修飾節を考察
すると、

 (36) 修論を書いている岩崎さんがその学会で発表した

 (37) 英語の試験がトップだったこの人を採用しよう

「岩崎さん」は発話時である現在においても修論を書いて
いると解釈される。また、「この人」がトップだった試験は
発話時において既に終わっていなければならない。以上の
事実は明らかに非制限的な連体修飾節の時制形式は、主節
の時制形式とは異なった時制形式をとった場合でも、常に発
話時の視点によって決定される、ということを示している。

4. 結論

 今章では連体修飾節の構文構造、従来の研究、従来の研究
と「制限用法」、「非制限用法」を関連付けて考察を行った。
 まず、連体修飾節における構文構造は、「連体修飾節」の
複文での位置づけを調べた後、連体述語が単一である場
合、単一連体修飾構造とし、連体述語が複数である構文構

造の場合は、多重連体修飾構造と称している。後者におい
ては、日本語の修飾部が他の言語よりは比較的、複数並べ
られるので無限大に拡張できる構造であると把握する。

　それから、従来の研究の流れ、即ち、連体修飾節に関わ
る「内の関係」、「外の関係」や主題化、テンス、陳述度等の
概要を調べた。

　そして、最後に上記の従来の研究と「制限用法」、「非制限
用法」を関連付けてみた。第一章は本稿の主なテーマになる
「制限用法」、「非制限用法」を考察する前、連体修飾節の構
文構造や従来の研究を踏まえる章であるので本格的な考察
は次章からになる。

意味的観点における
「制限用法」、「非制限用法」の
再分析

意味的観点における「制限用法」、「非制限用法」の再分析

1. はじめに

　現代日本語において、連体修飾節を制限用法と非制限用法というように区分する研究はその構文の形態的な観点からは相違点が目立たないことから、主に意味的観点から研究されてきた。さらに日本語学では制限用法・非制限用法を意味的な区別方に重点をおいて意味・統語的な観点からは研究が進んできたが、構文・形態の面ではあまり触れていないことが現状であると言えよう。

言わば、言語類型として[S+V+O]構造をプロトタイプにする側における「制限用法」は表面的に関係節が先行詞に何の接続形式や形態的な標識なしでそのままくっ付いている。それに対して、非制限用法の場合は関係節と先行詞の間に「、」が介在するのが普通である。したがって、この類の言語類型では意味的な役割だけでなく、形態面でも制限用法と非制限用法の相違点が著しく目立つことが分かる。

つまり、現代日本語の連体修飾節は修飾部と主名詞の構文構造が形態的に顕在化していないため、英語のように接続形態を基準に制限・非制限に分けるのは無理がある。さらにまた、日本語は定冠詞、不定冠詞のない言語であるので主名詞に付く冠詞等も考察対象にはならない。すなわち、現代日本語における制限用法と非制限用法は概ね主名詞の語彙的な特徴を手がかりにして研究されてきたのである。

(1) 日本語を勉強している「学生」

;「制限用法」

(2) 日本語を勉強している「鈴木さん」

;「非制限用法」

上記の例から制限と非制限用法に決定付けたのは次のよ

うな理由をもって説明できる。まず、例文(1)を制限用法に決定付けるのは主名詞「学生」が普通名詞であり、例文(2)を「非制限用法」に決定付けるのは主名詞「鈴木さん」が固有名詞であるからである。専ら連体修飾構文のみを限定にし、その中の主名詞の意味特性に焦点を当てた分析と考えられる。ところが、連体修飾節が複文の中の従属節である以上、主節との関連性を看過して、連体修飾節の意味制約を主名詞の語彙的特徴のみで分析することには議論の余地があると思われる。例えば、

(3)　微生物を研究している 専門家 を募集している。

(4)　微生物を研究している 専門家 がすきだ。

(5)　微生物を研究している 専門家 がやってくる。

　例文(3〜5)は同じく普通名詞である「専門家」を主名詞にし、同じ内容の「修飾部」で修飾している。それでは、そもそも「制限用法」、「非制限用法」というのは何であろうか。概略から言うと主名詞を一つのグループとして限定するものが制限用法で、主名詞のグループ分けではなく情報を付加するものが非制限用法ということである。

　例文(3)の場合、「微生物を研究している」主名詞の「専門

家」は募集者の中の一人か何人かになると予測できる。例文
(4)は主名詞の「専門家」すべてが好きなわけではなく、「専
門家」の中で修飾部「微生物を研究している」の条件に合わな
いと駄目になる。これらに対して、例文(5)は修飾部と主名
詞が一まとまりに解釈するのが自然で修飾部「微生物を研究
している」は主名詞「専門家」の絶対的条件要素ではない。

　上記の例から見ているとおり、「制限用法」、「非制限用法」
の二重解釈も完全に排除できないが、例文(3)と(4)は前者、
例文(5)は後者として了解するのが自然である。そして主名
詞と修飾部の意味特性という要因を排除しても、主名詞に
関わる限定の性格の異なる意味制約が機能していることが
分かる。今まで通りであれば、主名詞の意味特性が制限・非
制限用法を決定付ける絶対的な要因になるはずである。

　ところが、改めて上記の例文(3〜5)から見えるように、
主名詞の意味特性が制限・非制限用法を区別る絶対的な条
件にはならない。しかし、名詞を一つのグループとして限
定づけるものが制限用法、主名詞のグループ分けではなく
情報を付加するものが非制限用法という規定を前提に意味
解釈してみると、それなりに二つに分けて解釈される。そ
の本質的な理由はどこにあろうか。このような疑問が本論
文の出発点であり、究極的に究明しようとする所である。

次の節に制限・非制限用法の概要について述べていくことにする。

2. 「制限用法」、「非制限用法」とは

　関係節の形式との意味機能において英語の関係節はそれと分離して明確に表現された主要部(head、あるいは先行詞、antecedent)を有するか否かにより二分される。分離して表現された主要部を有する関係節は制限的関係節(restrictive relative clause)と、非制限的関係節(nonrestrictive or appositive relative clause)とに分けられる。非制限節と主要部の間には書き言葉ではコンマが置かれ、話し言葉ではポーズが置かれる。しかし、大低の言語では区別しない。次の例文(6)と(7)がこれらの例に当たる。

(6) All the passengers who were severely injured were
sent to the hospital.
(乗客の中で)重症を負った人すべて
————————[制限用法]

(7) <u>All the passengers</u>, <u>who were severely injured</u>, were

   sent to the hospital.

   重症を負ったすべての人

   −−−−−−[非制限用法]

　例文(6)の場合、「All the passengers」は「who were severely injured」に制限されることによって、「重症を負った人すべて」であっても乗客の中では重症を負っていない人もいると解釈できる。それに対して、例文(7)は「重症を負ったすべての人」が乗客になっており、重症を負っていない乗客は対象外になる。

　このように「非制限用法」はその表現で示される、あるいは表されるものが一つしかないというような表現に付けられる修飾節であり、「制限用法」はある表現が集合(set)を表す場合にその集合の下位集合(subset)を表す表現を作るために付けられる修飾節であるといえる。

　この捉え方からそれぞれの先行詞となりえるものについてのいろいろな予測がなされる。関係詞が総称的概念を表すならば、それに導かれる関係節は補部の要素となりえる。また、総称的概念は抽象物ではあるが、唯一のものであると言えるので、その関係節は「非制限用法」にもなり得

68

るという説明をするわけである。

2.1. 「制限用法」と「非制限用法」の顕在化

　英語の関係節では制限用法の場合、表面的に関係節が先行詞に何の接続形式や形態的な標識なしでそのままくっ付いているが、非制限用法の場合は関係節と先行詞の間に「、」が介在するのが普通である。さらに、一般的に固有名詞や抽象名詞には非制限節は付けられるが、制限節は付けられない。

　要するに「、」の有無によって非制限節はその表現で示されるものが唯一であることを表す修飾句であり、制限節はある表現が集合を表す場合にその集合の下位集合を表す表現を作るために付けられる修飾句であると解釈することができる。　一方、日本語の場合は、

(8)　学生服に白い襷をかけた金子は、誰の眼にも強そうな兵隊に見えた。

(9)　北海道で取れるホッケは、とてもおいしい。

周知のとおり修飾部と主名詞をめぐって「制限用法」、「非

制限用法」を区別る形式的な装置が見当たらない。上記で述べたように非制限修飾節はその表現で示されるものが唯一のものしかないというような表現に付けられる修飾句であり、制限修飾節はある表現が集合を表す場合にその集合の下位集合を表す表現を作るために付けられる修飾句である。

とすると、例文(8)の主名詞「金子」は唯一のもの[1]を示すことと解釈されるため非制限用法と捉える。それに比べて例文(46)の主名詞「ホッケ」は修飾部「北海道で取れる」の条件に限定されるものとして解釈されるため制限用法として捉えられる。

これは主名詞である「金子」が固有名詞であること、主名詞「ホッケ」が普通名詞であるために、このように解釈できると考えられる。

ところが、そのような主名詞が固有名詞か普通名詞かという基準では解決できないものがある。制限・非制限用法を区別るには元々主名詞に当たる名詞があるときは「固有名詞」であり、あるときは「普通名詞」として機能するなど、「制限用法」、「非制限用法」という枠組みに限って最初から決

1　主名詞が唯一というのは「一つ」のみではなく全体が示されれば、その全体も唯一と言えよう。

まっている性格のものではないと考えられる。

(10) 青い乗馬服を着て、城下町の公園の坂を降りてくる信子の姿や、鮎太たちのために彼女が送別会を開いてくれた時、白い細い指を躍らせてピアノのキーをたたいた信子の、背をまっすぐ伸ばした姿は鮎太の心を一瞬熱く燃やし、急に足を浸している流れの水温を凍ったものにした。

(11) 吹田に住む鈴木さんだけに応募する権利がある。

　例えば、例文(10)は主名詞「信子」の属性に多様な側面があり、その多面的な側面を取って「信子」を語っている。すなわち、同じ人物であっても自己分裂するように無数の属性を連体修飾節の中で列挙することで表すことができるのである。また、例文(11)は主名詞「鈴木さん」という名前の人が複数いても構わないという前提である。つまり、「鈴木さん」が唯一限られた人物だとは言いがたい。

　単なる個人の鈴木さんという解釈もできるが、吹田市に住む「鈴木さん」全体がその対象にもなれる。まさに「鈴木さん」という集合の下位集合を表す「制限用法」に入る可能性が高いので主名詞が普通名詞の場合でも「制限用法」という前

提に反する事例が出てくるのである。

(12) 母はココアの入った カップ を父の枕もとに、温めた牛乳
の入った カップ を自分の枕もとにそれぞれ置いて、私の
手から湯たんぽを受け取った。

(13) 倉村の計画に反対していた 女 と倉村を睨んでいた 女 を相
手に、親しげに語らっている姿はさぞ敵意に満ちた構図
であったろう。

(14) 会社の近くで買った パン は家の近所で売っている パン よ
りおいしい。

　例文(12)、(13)、(14)の普通名詞である「カップ」と「女」、「パ
ン」は修飾部に制限されている主名詞である。しかし、集合
の下位類としての漠然とした「カップ」、「女」ではなく最初
から決められた特定な個体 、人物としての「カップ」、「女」
なのである。これは主名詞が普通名詞でありながらも、前
もって同定された個物を表す「固有名詞」のような機能を内
在していることを意味すると言えよう。

　「制限用法」と「非制限用法」を区別る主な基準が英語では
構文上の顕在化、日本語では主名詞の意味性的な性格にあ
るのは周知のとおりである。しかし、そのような暫定的な

結論を出す前に、英語の先行詞や日本語の主名詞をより詳しく見る必要がある。次にそれについて述べることにする。

2.2. 「制限用法」、「非制限用法」における主名詞の意味的性格

　日本語の場合、主名詞の意味特徴は「制限用法」、「非制限用法」を区別る重要な基本要素として機能する。しかし、その主名詞の意味特徴が何であれ文法的、非文法的という領域まで関わることはない。それを確かめるために、本稿では主名詞の意味特徴ではなく主節の述語の意味特徴と深い関わりがあるのではないかと推論し[2]次のように分析してみた。

2　もちろん、主名詞や主節述語以外の要因も排除できない。
　　a. 私はテーブルに飾った かぼちゃ を買いに行かされた。
　　b. 私はテーブルに飾る かぼちゃ を買いに行かされた。
　　；「a」と「b」の例文は連体述語の時制を除くとまったく同じ構文である。ところが、「制限用法」、「非制限用法」といった意味解釈から見ると「a」の場合、主名詞である「かぼちゃ」はある多数のかぼちゃを意味するのではなく、指示された特定のものを表すと判断される。
　　一方、「b」のほうは、主名詞であるかぼちゃはまだ特定されていない無数のかぼちゃを意味する。したがって「a」は「非制限用法」の解釈になり「b」は「制限用法」の解釈になる。これで連体述語の時制も様々な「制限用法」、「非制限用法」の見分けの変数の一つであることが分かる。

(15) ピアノが弾ける 男性 がすきだ。

(16) ピアノが弾ける 男性 が話しかけてきた。

　例文(15)、(16)はそれぞれ、「制限用法」、「非制限用法」として解釈されるが、同じく主名詞として「男性」という普通名詞が来ても非文法にはならない。これに比べて英語の場合[3]、「制限用法」、「非制限用法」用法が形式的に顕在化しているというのは、周知のことであるが、先行詞とまったく無関係とは言えない。例えば、

(17) a. John , who is from the South hates cold weather.

　　 b.(*) John who is from the South hates cold weather.

(18) a. He lacked courage , which is necessary in a really

　　　　brave soldier.

　　 b.(*)He lacked courage which is necessary in a really

　　　　brave soldier.

3　英語の場合は、[John]自体は固有名詞であっても定冠詞、冠詞などで、その性格が明確に示される。

　例文(17a)の先行詞「John」は固有名詞で非制限節が付けられるが、例文(17b)のように制限節には付けられない。例文(18a)の先行詞「courage」は抽象名詞で非制限節の形式になるが、例文(18b)のように制限節には付けられない。このように大抵、固有名詞や抽象名詞には制限節が付けられないということが見える。

　要するに日本語の場合は主名詞を基準にその文が「制限用法」、「非制限用法」であるかどうかを判断し、英語の場合は、前もって制限節なら普通名詞、非制限節なら固有名詞、抽象名詞というように構文上から決まっていると言えよう。上記から見ると、むしろ、「制限用法」、「非制限用法」において英語のほうが先行詞の意味的性格を厳しく適用しているのではないかと考えられる。

　更に日本語では英語の場合のような名詞の単数形と複数形の区別も冠詞の使い分けもないが、意味の上では英語におけるのと同じ区別ができる。例えば、「ジョン」が英語の「John, a John, the John」などに対し、制限節も非制限節も取れる。次の例文に注目してみよう。

(19) John, who knows the way,guided us.

　　道を知っているジョンが私たちを案内した.

75

「ジョン」と言えば誰かが分かる場面で使うのが自然であるので、そのまま「ジョン」が使われた。非制限節、すなわち日本語の解釈も非制限読みになる。また、

(20) a. 友達は金に不自由のない 男 である。

b. My Friend is a man who is never short of maney.

例文(20a)の主名詞「男」は何人もいるか、「男」の特徴を述べていることになるので、「a man」が使われている。したがって、「制限用法」、「非制限用法」という意味分類については普遍的に規定されるが、それらを表現するときに使われる名詞、冠詞などの道具立ての細やかさが言語によって異なる。

これらが日本語の場合は、形式的に顕在していないため、主節述語の意味的性格や文脈に依存せざるを得ないのである。さらに、主節述語であっても品詞別に「制限用法」、「非制限用法」の割合のも相当な相違点を有するに間違いない。

(21)「今この手紙をあなたの家の前で書いています。あたしの知っている 藤井樹 はあなたではありませんでした。ここに来てようやくすべてがはっきりしました。あたしの藤井樹は男性です。そして昔、あたしの恋人だった 人 で

す。彼は三年前…」

(22) 金をもらっても読みたくない 本や雑誌 が多いご時世にあ
りがたい話じゃないですか

　例文(21)、(22)のように、主節述語が名詞や形容詞なら、
「制限用法」読みの割合が高くなる。因みに「あたしの恋人だっ
た 人 です」が「非制限用法」になる理由は連体述語の時制が
「タ形」であるのもその理由として働いていると見える。

　要するに、上記の例文から分かるのは連体修飾節の「制限
用法」、「非制限用法」において、これまでは主名詞が固有名
詞か普通名詞かのような語彙的な特徴を手がかりにして区
別られてきたが、主文の述語までその範囲を広げないと両
方の判断ができないということである。

　そこで本稿では「制限用法」、「非制限用法」の分析対象を
連体修飾構文だけではなく複文レベルまでした上で考察し
ていくことにする。

3. 日本語の「制限用法」、「非制限用法」の従来の立場

3.1. 「制限用法」、「非制限用法」に二分化する立場

日本語の連体修飾節において「制限用法」、「非制限用法」という区別は多くの学者たちに認められている。まず、寺村(1984)によるとある集合の中から特定の特徴をもつ部分集合を取り出すのを「制限用法」にし、ある特定のものについてその文に情報を付け加えるのを「非制限用法」に定義している。

(23) 花見に行った人が多い

(24) 桜で有名な丸山公園は京都にある。

仁田(1995)は「制限用法」、「非制限用法」について、

「修飾部における情報度の必須度にしたがい、外の関係にある連体修飾節の中、「情報」を基準に「制限的用法」と「非制限的用法」を分ける。「制限的用法」は連体修飾節の情報により主名詞の外延を限定し、その下位類化を行うものと分けている。

a. 試験に落ちた 人

b. 大学に合学した 人

c. 若い時から早起きの癖のあった 私

d. かねがね漏れ聞いていた 神津恭介

(p387)」

と述べている。

　例文[a]、[b]の修飾部は主名詞である「人」の下位類化を行っていて「制限用法」の条件に満たしている。それに対して例文[c]と[d]はそれぞれ主名詞である「私」、「神津恭介」に対する限定を行わず、連体修飾節情報によって主名詞に説明を加える「非制限用法」と称する。

　次に高橋(1994、p323～338)は「制限用法」、「非制限用法」という用語は直接使っていないが、それに近い定義をもって、他の学者たちと共通点のある立場を取っている。

(25) 鈴村さんはこういってそこにあった 茶飲み茶碗 を出した。

　　;「えらびだし」

(26) 会社に日出勤している/あの 人 はだれだ。

　　;「にくづけ」

79

　例文(25)のように主名詞の指し示すものごとを他のものから区別する用法として「えらびだし」とし、例文(26)から見られるように、それに対して名詞の表す特徴を他の特徴から区別する用法として「にくづけ」として区別している。要するに、「えらびだし」÷「制限用法」であり、「にくづけ」÷「非制限用法」の等式が成立すると言えよう。

　「制限用法」、「非制限用法」と「えらびだし」、「にくづけ」は主名詞が修飾部によってどれほど限定されているのかを問う問題でありながら、被修飾語それ自体がどれぐらいの特定性を持っているかが問われる問題ではないかと思う。例えば、「制限用法・えらびだし」の場合、主名詞「人」はそのままでは特定されにくいので、修飾部がその役割を帯びるようになる。

　それに対し、「にくづけ・非制限用法」で主名詞「あの人」はすでに特定された語として判断できるので、修飾部の条件は絶対的ではない。したがって、「非制限用法」の修飾部は文から外しても、文の意味を画期的に変化させるまでには至らない単なる付加的な説明にすぎない機能であるのに、「制限用法」はなくてはならない必須度の高い情報ということがわかる。

　一方、奥津(1997、p73～98)はこれについて連体修飾節を

意味的に二つに分けているが、「制限用法」ではないと「非制限用法」と判断するという二分法を採択していない。奥津は「塩辛い漬物は健康によくない」という文は二通りに解釈でき、連体成分が付いて二義性が生ずると言う。すなわち、解釈によって二重解釈ができる、または解釈する側によって異なるという点を強調している。

[a]　漬物というのはすべて塩辛いものだ。塩辛い食べ物は健康によくない。

[b]　漬物には甘いものも塩辛いものもある。塩辛い食べ物は健康によくない。

[a]の解釈は非制限的で、「塩辛い」はすべての「漬物」の属性、「漬物」の外延を挟めるものではない。[b]の解釈は制限的である。連体成分の「塩辛い」は「漬物」の外延をせばめて、「甘い漬物」を排除し、その部分集合である「塩辛い漬物」に限る。奥津(1997)の定義は連体修飾節に限らず、連体修飾全般について語ったものであるが、連体修飾節を考える上でも重要である。彼は「制限用法」というのは、被修飾語(主名詞)がいろいろな側面を持っており、修飾部がその中の一つの側面を取り上げ、意味制約の機能を果たすものであ

り、それに対して「非制限用法」は修飾部と被修飾語という
関係により一つのまとまりのような性質のものと規定して
いる。それをここでは任意に次のように図式化してみた。

[図5]

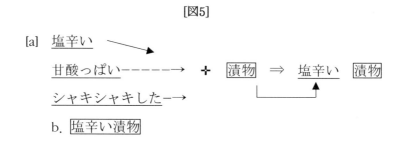

ところが、このような分析は日本語の連体修飾節の「制限
用法」、「非制限用法」に形式がないからといって常に二義性
があると認める文脈に依存する解釈法も曖昧な定義にすぎ
ないと考えられる。

なお、益岡(1995、p139〜153)も連体修飾節を「限定・非限
定」に分けてはいるが、その対象は寺村の「内の関係」に限ら
れている。限定的連体修飾節は主名詞の指示対象を限定す
ることであり、非限定連体修飾節は「限定しない」というだ
けでは十分な説明にはならない。

その機能は、一つは主節の事態に対する情報付加(対比・
逆接、継起、理由・原因、付帯状況等)であり、もう一つは

主名詞に対する情報付加(名詞を文脈に導入するに当たって必要となる予備的、背景的情報を連体修飾節によって与える)である。

　情報付加の働きをしているならば、連体修飾節を取り除いても文は成立する。しかし、非限定的連体修飾節でも省略することができる例もある。連体修飾節に限らず、より広い範囲の連体修飾に関する「制限用法」、「非制限用法」までを対象にした説明である。益岡は主に「非制限用法」における修飾部の情報付加を意味内容により細分化しているがその解釈法のキーワード、すなわち主節との関わりか、連体修飾節内部での機能かについての説明に欠けている。

　ここまでは、研究者の定義は様々であるが、大きく「制限用法」、「非制限用法」というように二つに分ける方式はある程度定まったと考えられるガが、連体修飾節の意味制約をこのように二分化しない場合もある。次にこれらについて述べることにする。

3.2.「制限用法」、「非制限用法」に二分化しない立場

　まず、金水(1986)によると「限定」に対して「存在化[4]」、「情報付加」という項目を立て、個々の修飾部と主名詞がそれぞ

れに持つ意味的・語彙的な特性、主文述語の意味特性など
を総合する。(p602～610)

　大島(1995、p109～116)はこれについて、

　「「非限定的修飾」は「限定的修飾」と多少違った形はあるも
のの、複数の事物の中から一部を取り出す点で一種の「限定」
であることに変わりはないとしてネーミングの不適当さを
主張し、既存の「制限用法」、「非制限用法」を各々「集合限定」
と「属性限定」と命名している。

　[a]　健康のためにタバコをやめる人が多い。
　　　；集合限定
　[b]　このワークステーションを使える人が隣の研究室にいる。
　　　；属性限定
　と述べて、次のように規定している。

4　存在化とは「さっきの男は、ぼくの大学時代の友人だよ」という例か
　　ら見ると、「さっきの」は「男」の部分集合を作るようには働かず、指
　　示対象が特定の個体であることを示す。
　　名詞句によって指示される固体が「存在」することを聞き手に知らせ
　　る働きを持っているのである。このような機能を「存在化」と呼ぶ。
　　固有名詞や人称代名詞は予め存在化された名詞である。(p608)

```
属性の取り上げ------------------------属性限定
⇓                              集合限定
取り上げた属性をもつか否かにより部分集合を切り出す
```

(p116)

　また更に大島(前掲)は、

　「主名詞の表す属性のうち「修飾部」を取り出し、その属性
によって主名詞の中から一部分を取り出している。このよ
うに主名詞の表す集合の中から一部を取り出す働きを「集合
限定」と呼ぶ。集合限定は属性限定を基にしている。集合限
定はすべての修飾に見られるわけではなく、(「存在」の概念
を中心とする)主節の述語の意味特徴によって発動されるか
否かが決まる[5]。

　このように、連体修飾節の意味的な機能としては二種類
の限定のうち、より基本的なのは「属性限定」である。この

5　大島の集合限定が「主節の述語の意味特徴によって決まる」という論
　は、ある事柄が存在化をめぐって、「存在しているか」または、「存
　在していないか」であって、具体的な述語の意味特徴を指すことで
　はない。本稿の三章で述べる「主節述語の意味特徴」とはその性格を
　異にしていることをここで明示していく。

85

二種の限定はいずれも、複数の事物の中からあるものを取り出すという働きである点で共通している。(p115)」
　と述べている。

　そもそも「制限用法」、「非制限用法」というように二分化しない立場はある意味では「非制限用法」を認めない立場であると言ってもいいだろう。金水(1986)は「制限用法」はそのまま認めるものの、益岡(1995)では「非制限用法」に入れるべく「情報付加」以外に別の項目として「存在化」を取り上げている。

　それに対して大島(1995)は、既存の「制限用法」は「集合限定」、「非制限用法」は「属性限定」に入れながらそもそも「制限用法」、「非制限用法」に区別する必要はないとし、もっぱら「制限用法」に入れることを主張している。

　つまり、「多少違った形はあるものの、複数の事物の中から一部を取り出す点で一種の「限定」であること」という規定を根幹に置く発想である。しかし、「非制限用法」として規定されてきた根本的な理由は「非制限用法」には最初から対比される複数の属性は念頭になかったということである。それを「制限用法」の規定のみに当てはめようとするのは無理なのではないかと主張したい。

4. 問題の所在と考察方向

「制限用法」というのは連体修飾の機能からみて、主名詞の指示対象を限定するという点では大した疑問はない。問題は「非制限用法」にあると提案したい。主名詞を「限定」するのがその機能でないとすると、「非制限用法」の役割に疑問が湧いてくる。元々特徴づけられている主名詞を修飾するというのはどういう効果を狙って働いているのであろうか。

　例えば、大島(前掲)などはそういう点で、連体修飾節の「非制限用法」を認めず、「制限用法」のみを認め、「修飾」=「限定」という公式を立てている。「非制限用法」を認めている学者たちもその機能の曖昧さを主節との意味関係からいろいろと分類しており、「制限用法」、「非制限用法」として挙げた例も様々である。

　それでは今まで見てきた先行研究の問題点を踏まえた上で、「制限用法」、「非制限用法」の問題の所在について次のように述べていきたい。

　「制限用法」はともかく、「非制限用法」において、規定の不認定まで及んだ立場の研究もある等、「非制限用法」に至って揺れ動く現象はあるものの、やはり「制限用法」、「非

制限用法」の区別は連体修飾節の意味制約において大きな決め手になるという趣旨には変わりがない。

 (27) 今日会議に遅刻した人はもうここにはいない。

 (28) このワークステーションを使える人が隣の研究室にいる。

　例文(27)、(28)はそれぞれ金水(前掲)の「存在化」と大島(前掲)の「属性限定」という項目に当たる例であるが、既存の「非制限用法」にも属する例である。しかし、上記の例文を「非制限用法」にするには主名詞の存在が気になる。普通名詞である「人」が主名詞になっているところに注目したい。「制限用法」になるはずの意味特徴を有しているにもかかわらず、いわゆる「非制限用法」の意味解釈になっている。

　上記の事実から、本稿では主名詞が主に「普通名詞」の場合を中心に論を展開していきたい。そうすることによって、連体修飾節の「制限用法」、「非制限用法」を決める要因が単語レベルにとどまらず、それ以上のレベルにあるという仮説を立てることができるからである。

　これまでの先行研究からまとめてみると、主名詞が固有名詞か人称名詞か普通名詞かによって「制限用法」、「非制限

用法」という限定の具合が決められるという基準はもう現在
は問題視されないことが分かる。

　ところが、主名詞の意味特徴を分析外にするとしたら、
連体修飾節を有する構文を分析するとき、どこを手がかり
にして意味解釈すればよいのであろうか。本稿では、統語
的なところ、具体的には「主節の述語形式」と「連体修飾節」
との有機的な関係に焦点を当ててその条件について考察し
ていくことにする。それから、「制限用法」と「非制限用法」
を左右する要因をいろいろな側面から探ることにする。そ
の要因というのが文脈や状況、構文構造などいろいろなも
のが想定できるが、これらはともかく連体修飾節と主節の
述語以上の範囲になるのは間違いないことである。した
がって、「制限用法」、「非制限用法」は複文以上の考察にな
るはずである。

5. 「制限用法」、「非制限用法」の規定

　本稿では「制限用法」、「非制限用法」を区別る基準が主に主名詞の語彙特徴だけではないということを前提に論を進展していくことにする。

　その前にどのような解釈が「制限用法」でどのような解釈が「非制限用法」であるかを改めて述べておく必要があるが、まず、「definite」と「specific」の概念を理解した上で論を展開していくことにする。

5.1.「definite」と「specific」

「言語学大辞典」によると、

「「definite」というのは類に対する個を表す手段が特定の文法形式化したとき、定性(definitenese)が文法範疇の一つである。不定(indefinete)に対する。例えば、

　a. He wishes to study at *the university*.
　　：彼はその大学で学びたいと思っている。

「the university」は個である特定の大学を指している。こ
れは「○○大学」のように固有名詞で置き換えることが出来る
ものである。定は主として名詞・代名詞に関わる範疇であ
り、その表示手段には定冠詞や指示詞の使用、接辞の付加
等がある…一般に定は有標(marked)である。日本語には文
法範疇としての定はなく、通常は定・不定の決定を文脈に
委ねる…定冠詞の意味・機能を厳密に規定することは、定
の概念を規定することに繋がる。話し手と聞き手にとって
既知の人・事物を指示することとしておく、既知というの
は、前または後に述べられるばかりでなく、常識的に知ら
れているとか、状況から特定できる場合を含む。(p151〜
152)…「specific reference」特定指示は類一般ではなく、特定
の個あるいは集合を指示する語の用法である。総称指示に
対する。例えば、

　b. 私達の授業を担当している外人教師は日本語がよくで
　　　きる。

　話し手によって特定されたある外人教師を指しているの
で、特定指示である。(p620)」
　と述べられている。

91

　上記の記述をまとめてみると、「definite」は類に対する個を表し、「specific」は特定の個あるいは集合を表す用語である。これらと「制限用法」、「非制限用法」の定義を次のように限定したい。

　「制限用法」とは修飾部が主名詞のタイプ分けをするという解釈になる用法であるため、「特定」という概念とは関係のないように考えられる。それに比べて「非制限用法」の方は修飾部が主名詞に対して情報付加や特徴を示しているが、修飾部が主名詞を限定、特定することはない。日本語の場合、指示詞付きの主名詞や代名詞は特定されているが、普通名詞の主名詞は修飾部が修飾する前に既に何らかの原因要素によって特定されている存在である。

　定・不定の形式的な区別のない、単数・複数の区別が緩い日本語に「definite」というのは「制限用法」、「非制限用法」の見分け方に決定的な要因にはならないと。つまり、「制限用法」、「非制限用法」の区別において主名詞の「類」と「個」は中心的な要素ではなく、「specific」の概念に沿って主名詞が「個」や「集合」関係なく特定指示されるかどうかに左右されると主張したい。

　(29) 今朝、電車の中ですりをする男を見かけた。

(30) 今朝、電車の中ですりをする 男たち を見かけた。

(31) 動物の王様と呼ばれる ライオン を実際見たことがない。

(32) 動物の王様と呼ばれる ライオン に目の前で、睨まれて
いる。

(33) 昨日、韓国から来た 観光客 を案内した。

(34) 韓国から来る 観光客 は九州が多いらしい。

　例文(29)は主名詞「男」は個を表し、特定指示されてい
る。例文(30)は主名詞「男たち」は個を表してはてはいな
が、集合として特定指示されている。「制限用法」、「非制限
用法」の観点から分析すると、「男」、「男たち」がそれぞれ個
と集合であっても特定指示と判断できるので、例文(29)と
(30)は「非制限用法」と解釈する。次に例文(31)は主名詞の
「ライオン」は類であり、特定指示されているとは解釈しが
たい。例文(32)は主名詞の「ライオン」は個でありながら特
定指示されていると解釈できる。

　したがって、例文(31)は「制限用法」であり、(32)は「非制
限用法」と判断できる。最後に例文(33)と(34)は主名詞「観光
客」が個であるか集合であるかの判断は流動的である。それ
にもかかわらず、前者は「非制限用法」、後者は「制限用法」
と解釈される。その解釈の根拠は主名詞が特定指示されて

いるかどうかであるが、ここで言えるのは主名詞が個か集
合かは「制限用法」、「非制限用法」の判断基準にはならない
ということである。例文(33)と(34)のような解釈になる根拠
については第三章で詳しく扱うことにする。

　以上の考察から重要なのは主名詞が個であれ、集合であ
れ特定指示として捕らえる基準を把握することである。こ
れについては第3章〜5章で考察していくことにする。

5.2.「特定性」

　ここでは主名詞の特定指示の有無によって「制限用法」、
「非制限用法」が分けられるとすると、特定指示と判断できる
「特定性」という概念は何であろうかについて分析していき
たい。まず、下記のように長原(1990)を参考にしておく。

　「「特定性」という概念は、問題の名詞句の指示関係を同定
する立場にある人に対して、触れる必要がある。つまり、
誰にとって特定的であるかを考慮せねばならないというこ
とである。その場合、少なくとも、その文の話者と主語を
考慮に入れる必要がある。例えば、「John is looking for a toy」
という文で「toy」に関る三パターンの同定を想定することが

できそうだ。

[i]　話者も主語もある特定の(同一の)おもちゃを念頭に置いている。すなわち、おもちゃは両者にとって同定可能であり特定的である場合

[ii]　主語はある特定のおもちゃを念頭に置いているが話者はそのことを知らない、したがって、同定可能とはならず、特定のおもちゃを想起していない場合

[iii]　両者とも特定の具体的なおもちゃを念頭に置いておらず、ただ漠然としたおもちゃに過ぎない場合。

(P31)」

　要するに、曖昧さの程度は個々の文脈によって異なり、あるものを特定的と考える資格において階層的な差があるということである。そこで上記の三つのパターンを「制限用法」、「非制限用法」という観点から適用してみることにする。そこで、再び「制限用法」、「非制限用法」の一般的な定義について触れる必要がある。

　「制限用法」というのはある表現が集合を表す場合にその集合の下位集合を表す表現を作るために付けられる修飾句であり、「非制限用法」というのはその表現で示されるもの

が唯一であることを表す修飾句である。これに従い、次に
用に適応してみる。

　[i] に適応してみると「ジョンはそのおもちゃを眺めてい
る」と解釈され「おもちゃ」が総称としてではなく特定のもの
として示される。すなわち、特定に指示された「おもちゃ」
を表していると思われるので「非制限用法」として解釈する
のが自然である。

　[ii] の場合は「ジョンはあるおもちゃを眺めている」のよう
に解釈されるとすると、「おもちゃ」は「ジョン」以外には同
定されていないが、主語の「ジョン」が唯一のおもちゃとし
て同定されているのは確かである。したがって、ある唯一
のものを表す点で「非制限用法」の解釈になるものとして理
解したい。

　最後に[iii]の場合、解釈を「ジョンはおもちゃというもの
を眺めている」だとすると、「おもちゃ」は漠然として総称と
して示されている。この例文が連体修飾節ではないので、
規定とおりの解釈は無理であるが、「おもちゃ」がお互いに
同定されない事実からみると「制限用法」の解釈とするしか
ないと考えられる。

96

　更に長原(1990、p19～32)は「I heard it from a doctor」とい
う文の解釈として「a doctor」は実質的には固有名詞の代わり
に用いているものとし、もう一つはdoctorという職業に特別
の意味がある、つまり個体を指示する意図はなく、doctor
という属性が重要な場合と述べている。前者を不定名詞句
の指示的(referential)、後者を限定的(attributive)な用法と言
う。このように特定的な不定名詞句は指示的にも限定的に
もなり得るが、非特定的な不定名詞句は限定的な用法しか
ない。非特定的なものに対して、指示的に言及するという
ことは論理的に不可能だからである。

① 特定的；指示的、限定的
② 非特定的；限定的

　上記の規定から「特定的」というのは「限定的」な要素を含
みながら指示的な要素も加えたことを示す。これに比べ「非
特定的」というのは指示性を欠けていることと見なす。
　本稿では「限定」や「制限用法」という用語は誤解を招く恐
れがあるので、なるべく避け、これらは主に「制限用法」、「非
制限用法」に限るものにする。さらに「特定」という用語も主
名詞の特徴づけの条件として使うことにする。

[S+V+O]の言語構造を持つ関係節では「制限用法」、「非制限用法」は構文上の相違点が著しいので、形態的な分析もあり得る。このような「制限用法」、「非制限用法」を日本語の連体修飾節に導入する際に、大きく二つの立場があると思われる。一つは、欧米言語の関係節の「制限用法」、「非制限用法」に基づく立場である[6]。もう一つは、日本語の連体修飾節の「制限用法」、「非制限用法」という概念を新しく日本語学の独自の観点から取り入れる立場である。その定義は学者によって様々であるが、連体修飾節を分ける必要性は既に妥当性が与えられたと思う。

本稿では後者の立場を取る。通常通り「制限用法」と「非制限用法」というように分けることには変わりがないが、その基準として話し手の「同定」を通した「特定」という概念を取り入れる。これらについては次節でより詳しく見ることにする。

---

[6] 例えば、坪本(1995)の場合、「非制限用法」に新しい名詞句を取り入れるのはあり得ないとして、「提示文」を「非制限用法」とは別の枠として分類している。(p77)

5.3. 本稿での「制限用法」、「非制限用法」の定義

(35) 特定と不特定指示の定義

[1] 特定とは	；	主名詞の指示対象が話し手と聞き手に同定されたり、話し手や聞き手だけの同定であったり、話し手と聞き手と同定されなくても、その対象が漠然とした対象ではなくどこかで同定された存在であれば、特定指示という立場である。
[2] 不特定とは	；	主名詞の指示対象が話し手や聞き手に同定されず、不特定指示されるという立場である。

　上記の「特定」、「不特定」の定義を基にし、本稿での「制限用法」、「非制限用法」を次のように定義する。

(36)「制限用法」、「非制限用法」の定義

[1]「制限用法」	；	修飾部が主名詞をグループ分け、その主名詞は不特定の指示対象として示される。
[2]「非制限用法」	；	修飾部が主名詞を単に特徴づける。その主名詞は特定の指示対象として示される。

　それでは、上記の定義である(35)、(36)に当てはまる典型

的な例文についてこれかた本格的に分析してみる。

 (37) 鮎太たちは何回か郷里の博多へ里帰りする佐分利信子
   を、女王を送る家来たちのような格好で、北国の城下町
   の暗い感じの駅へ送っていったものである。

 (38) 大勢の人間が海と浜とをぎっしり埋めている海水浴場が
   はるか右手に見えていた。

 (39) 鮎太たちは何回か郷里の博多へ里帰りする佐分利信子
   を、女王を送る家来たちのような格好で、北国の城下
   町の暗い感じの駅へ送っていったものである。

 (40) 雪枝と行くと、彼女はいつも人の多い海水浴場の真中に
   行かなければ承知しなかった。

 例文(37)の主名詞「佐分利信子」は固有名詞として最初か
ら同定されている意味特徴であるの特定の指示対象として
解釈される「非制限用法」の典型的な例である。例文(38)の
主名詞「海水浴場」は固有名詞ではないが、文全体からみて
「海水浴場」は同定されていると思われる。

 したがって、特定の指示対象として解釈できるというこ
とで「非制限用法」の規定に附合される。その詳しい理由に
ついては主節述語との関わりを論ずる所で述べることに

する。

　一方、例文(39)の「家来たち」はそれが有している属性の中で修飾部「女王を送る」という条件ではないと文脈からみて成り立たない。すなわち、「家来たち」は不特定な指示対象として解釈される「制限用法」の事例になる。それから、例文(40)は一瞥すると例文(68)と変わりがないように思われるが、これもまた、主名詞の「海水浴場」は修飾部である「人が多い」という条件に合わないと成り立たない不特定の指示対象の「制限用法」である。更に、特定の定義にも書いたように話し手と聞き手に同定されなくてもどこかで同定された存在であれば、特定指示として見なされる例もある。

(41) 佐藤君と結婚の噂がある 美穂ちゃん ってどんな人？

(42) 先週仙台から赴任してきた 彼 は評判が悪いみたい。

　主名詞「美穂ちゃん」や「彼」は話し手と聞き手にお互い知られていない存在であるが、特定の存在として同定されているのは確かである。このように特定の存在というラベルは話し手や聞き手に限らないことであるので、実際、知らない存在でも特定指示になり得ることができるのである。

101

(43) ピアノコンクールで優勝した生徒に機会が与えられる。

(44) 毎年、海外旅行をしている人はきっとお金持ちに違いない。

　例文(43)、(44)のそれぞれの主名詞「生徒」、「人」は実際、存在した、存在するかもしれない指示対象であるが、特定の指示対象ではなく、限定された漠然とした指示対象なので「非制限用法」と見なすことは問題がある。すなわち「制限用法」の領域に属されるものである。一方、次に注目してみよう。

(45) 先、ドアの前でハンカチを落としたお客さんいらっしゃいますか。

(46) 一番に到着したお客さんが商品を受け取ったと聞いた。

　例文(45)、(46)の主名詞「お客さん」、「子供」は話し手にも聞き手にも認知されていない指示対象である。しかし、ある特定の指示対象であることは確かである。結局、特定の指示対象である条件は必須条件であり、話し手、聞き手による同定というのは「非制限用法」の解釈に必須不可解な条件ではないと結論付けられる。これを下記の図に表してみる。

[表1] 特定の指示対象と話し手と聞き手の同定による
「制限用法」、「非制限用法」

	話し手の同定	聞き手の同定	特定の指示対象
①非制限	○	○	○
②非制限	＊	○	○
③ 制限	○	＊	＊
④非制限	＊	＊	○
⑤ 制限	＊	＊	＊
⑥ 制限	○	○	＊

次に①～⑥に該当する例を述べておく。

① ゆうべ、私たちと一緒に食事した 静子 からなぜあなた
　 に電話がきたの？

② アメリカに留学に行った/あなたの 彼氏 はどんな人
　 なの？

③ 今週の土曜日、ずっと付き合っていた 彼氏 をあなたに
　 紹介するわ。

④ 去年のボクシング大会で優勝した 人 は大阪生まれなん
　 だって。

⑤ 今年の紅白歌合戦に出られる 歌手 は意外な人が多
　 そう。

⑥ 私に秋の香りは十月に咲く 金木犀 です。

　上記の例文を図に適用したところ、次のことが言える。話し手と聞き手の同定の有無と「制限用法」、「非制限用法」はあまり因果関係が強くないということと特定の指示対象はそのあり方により「制限用法」、「非制限用法」に分けられることは確かであるという事実である。

6. 結論

　現代日本語の連体修飾節は修飾部と主名詞の構文構造が形態的に顕在化していないため、英語のように接続形態を基準に制限・非制限に分けるのは無理がある。更にまた、日本語は定冠詞、不定冠詞のない言語であるので主名詞に付く冠詞等も考察対象にはならない。すなわち、現代日本語における制限用法と非制限用法は概ね主名詞の語彙的な特徴を手がかりにして研究されてきたのである。通常、「制限用法」と「非制限用法」に決定付けたのは主名詞が固有名詞であると前者、普通名詞であると後者であったがそれだけでは足りない。

　本稿はその要因を論ずる前に「制限用法」、「非制限用法」
の定義を改めて明らかにした。

　まず、「制限用法」、「非制限用法」の区別において主名詞
の「類」と「個」は中心的な要素ではなく、「specific」の概念に
沿って主名詞が「個」や「集合」関係なく特定指示されるかど
うかに左右されると主張したい。それから
　特定と不特定指示を次のように明確に決める。

[1]　特定とは　　　；主名詞の指示対象が話し手と聞き手
　　　　　　　　　　に同定されたり、話し手や聞き手だけ
　　　　　　　　　　の同定であったり、話し手と聞き手と
　　　　　　　　　　同定されなくても、その対象が漠然と
　　　　　　　　　　した対象ではなくどこかで同定された
　　　　　　　　　　存在であれば、特定指示という立場で
　　　　　　　　　　ある。

[2] 不特定とは　　　；主名詞の指示対象が話し手や聞き手
　　　　　　　　　　に同定されず、不特定指示されるとい
　　　　　　　　　　う立場である。

　それから「特定」、「不特定」の定義を基にし、「制限用法」、
「非制限用法」を次のように定義する。

[1]「制限用法」　　　　；修飾部が主名詞をグループ分け、その主名詞は不特定の指示対象として示される。

[2]「非制限用法」　　　；修飾部が主名詞を単に特徴づける。その主名詞は特定の指示対象として示される。

　話し手と聞き手の同定の有無と「制限用法」、「非制限用法」は必然的ではなく、主名詞が特定の指示対象になるかどうかによって「制限用法」、「非制限用法」に分けられると結論付けたい。

主節述語との関係から
見た意味制約

主節述語との関係から
見た意味制約

1. はじめに

　連体修飾節において、述語形式が中心課題として成されたのは、アスペクトやテンスに関わる研究が殆どであった。また、いわゆる「内の関係」、「外の関係」という研究も連体述語と主名詞との格関係を元に分けるが、主名詞の格を含まずに主名詞までを対象の範囲にしている。

　(1)　a. うどんを食べた男を捜している。

　　　　b.男がうどんを食べた。

　　　　；[内の関係]

　　(2)　a.安全な果物を食べる喜びがだんだんなくなってきた。

　　　　b.*喜びは安全な果物を食べる。

　　　　；[外の関係]

　ところが、「制限用法」、「非制限用法」という分析方法で見る際、修飾部と主名詞だけでは見分けられない場合が見られる。勿論、主名詞が固有名詞の場合はほぼ「非制限用法」読みの解釈になるが、普通名詞になるといつも「制限用法」読みの解釈と言えないところがある。

　　(3)　a. <u>最後にレポートを提出した</u>男を知っている。

　　　　b. <u>最後にレポートを提出した</u>男はきらいだ。

　(3)[a]の主名詞「男」は特定された指示対象であるのに対して、(3)[b]の主名詞「男」はグループ分けの不特定の指示対象になる。以上のことから連体修飾節は考察の仕方によって、その対象範囲を拡大せざるを得ないことが分かる。念のため、ここでは修飾部と主名詞の間の格関係は論外なので、「内の関係」、「外の関係」という分け方は排除する。

　そして、「制限用法」、「非制限用法」を決定付ける要因が
名詞の意味特徴ではないということを前提にし、その要因
を主節の述語に探るしかないと判断するに至った。

　本稿ではそのため、まず主節の述語を動詞述語、形容詞
述語、名詞述語というように品詞別に分け、さらに主名詞
に関しては、意味特徴を排除するためになるべく「普通名詞」
を対象にしていくことにする。次節からは動詞述語、形容
詞述語、名詞述語というように分けて論を展開していく。

2. 主節の動詞述語

2.1. 主名詞が形式名詞の場合

　主名詞に来る名詞は固有名詞、普通名詞、形式名詞等い
ろいろあるが、まずここでは主節の述語が動詞で、主名詞
が形式名詞の場合を探る。したがって、形式名詞と主文の
動詞の性質に注目した研究について参照する必要がある。
これについて久野(1973)をはじめ様々な研究[1]が行われてき

1　① 工藤(1986、p45～101)：「の」をとる二つの動詞グループ;感覚、

た。久野(前掲、p137～141)は動詞の目的節をマークする形式として「コト、ノ、ト」を取り上げて、いるが、動詞の意味から何が取られるか予言できると言っている。そして、名詞節の中の命題が抽象的概念しか表し得ない場合には「コト」しかとれないこと、即ち、「コト、ノ」の選択が主文の動詞、形容詞、形容動詞によって規制される同時に、副文(名詞節)の意味内容によっても二次的に規制されると述べている。

　とにかく、形式名詞とはいえも、ほぼ「の」と「こと」の見分けに関する考察が目立つ。それを下記にまとめた。

　動作性動詞「こと」を取る四つの動詞グループ;思考、伝達、意思、表示動詞「の」も「こと」もとる動詞グループ＿認知、態度動詞

② 坪本(1984)：「の」だけが用いられる文の「二命題間には密接な意味的語用論的関係がある」とし、特に「同時性」、「同一場所生起」を強調している。

③ 橋本(1994、p101～112)：「の」だけが用いられる文は具体性があり、主文との密接性を持ち、「の」も「こと」も用いられる文は限定性命題を受ける。

④ 佐治(1993、p5～14)：「の」は事態をそのままで何の意味も付け加えず、体言化し、「こと」は事態を事柄としてまとめて体言化する。特に「の」だけが用いられる文は埋め込み節を受ける動詞がその節の表す事態の現場にいなければ、実現しないようなものである場合に「の」をとる。ここに含まれるのは「見る」、「感じる」のような感覚動詞と言われるもの、「撮る」、「写す」、「合わせる」、「応じる」、「待つ」、「手伝う」、などのようにその場でその動きに合わせてしかできない行動を表す動詞や、「うるさい」、「やかましい」などの現場に応じた感情や判断を表す形容詞などである。

[表1] [「の・こと」と主文の動詞の性質]

	[1]	[2]	[3]
「の」を取る動詞	具体的	感覚的	現場依存的
「こと」を取る動詞	抽象的	思考的	現場離れ

[1]の場合、

(4) a. 花子が喧嘩している$\boxed{の}$を目撃した。

　　b.(*) 花子が喧嘩している$\boxed{こと}$を目撃した。

例文(4)aは主名詞を「の」にし、(4)bは「こと」にしている。相違点といえばこれだけであるが、その解釈において前者は「花子が喧嘩している」出来事が具体的に目の前で目撃される状況である。後者は「花子が喧嘩している」という事柄を「こと」が受けることによって具体的な出来事を帯びる主節動詞「目撃した」とは呼応しなくなる。

　要するに、主名詞の「の」、「こと」がもつ「具体的」、「抽象的」という意味特徴は、主節の動詞の選択にも影響を及ぼすことになる。

[2]の場合

(5) a. 花子が喧嘩している$\boxed{の}$を聞いた。

　　b.(*) 花子が喧嘩している$\boxed{こと}$を聞いた。

113

主名詞「の」が「感覚的」、「こと」はそうではないということをよく表している。

[3]の場合

  (6) a. 今、<u>花子が喧嘩しているの</u>を目撃している。

        b.(*)今、<u>花子が喧嘩していること</u>を目撃している。

例文(4)とも通じる部分があるが、今目の前で目撃している、即ち、現場依存的な状況の下では「の」は自然な文になり、「こと」は現場性に欠けるという仮説に従って自然な文として成り立たない。

このように埋め込み節を成す形式名詞と主節との意味的な相関についての研究は、ある程度、結果が出ているようである。形式名詞が主名詞である埋め込み節の研究結果が必ずしも連体修飾節の研究にもぴったり当てはまるとは言えない。形式名詞の中でも意味合いの段階に差があるので、ここでは任意的に主名詞の考察の対象として論外にすることにする。それは形式名詞が主名詞の場合は例えば、「～のが走る(動作動詞)」、「～ことが分かる(知覚動詞)」といった主節の述語に一定の制約があるからである。

したがって、「の」と「こと」のように主節の述語が明らか

114

に分けられないことは理解していただきたい。しかし、同じ傾向ということは想定できると思われる。

　文の中での統語的・意味的な機能は異なるが、名詞が節を受けるという形態的な面では類似の構造を有している。ここでは、まず、「制限用法」、「非制限用法」の場合でも同じことが言えるかどうかを考察してみる。

2.2.「制限用法」の場合

(7)　侘び寂び枯淡で、人生をゆたかにする人もあるが、私はお派が違う。(殺)

(8)　私はテーブルに飾るかぼちゃを買いに行かされた。(流)

(9)　風邪を引いて、熱がでるタイプもあるよ。(流)

　例文(7)、(8)、(9)のそれぞれの主名詞「人」、「かぼちゃ」、「タイプ」は話し手(または読み手)に同定されており、具体的に存在している指示対象ではないように解釈される。話し手が認知できる現実世界に存在する指示対象ではない抽象的な存在なのである。これはそれぞれの主名詞「人」、「かぼちゃ」、「タイプ」がグループ分けとして使われた「制限用法」に当たるものである。

115

　一方、主節述語の動詞としてはそれぞれ「ある」、「買う」、「ある」が使われている。日本語において人の存在を表す時には、「いる」を使うのが普通であるが、これらの例からは例文(7)、(9)両とも主節述語の動詞として「ある」が使われているのである。

　更に、これについては金水(1982)の「人を主語とする存在表現」の中で引用した三上を参照する価値があると思われる。

　「「いる」は履歴を背負った有情物がある場所を占めることを表す。それはすでに或る場所を占めていた者だけが、新たに或る場所を占めることができる。「ある」は、無生物(非情物)の存在を表すばかりでなく、不特定の人間の存在にも使われるが、これは古くからそうである。」[2]

　この議論を参考に例文(7)を見ると主名詞「人」はある特定の人物ではないというように読まれるのが理解できる。次に例文(8)を少し修正してみよう。

　(10) 私はテーブルに飾った かぼちゃ を買いに行かされた。

---

　2 「文法小論集 p69」

　例文(8)は主節の出来事が「…を買いに行かされた」が、連体修飾節の出来事である「テーブルに飾るかぼちゃ」より先行している。主節の時点では連体修飾節の事態はまだ行われていない事態なので主名詞は話し手にとって特定しにくくなる。

　しかし、例文(10)のように主節の事態が連体修飾節の事態より先行していても発話時を基準にしてその事態(出来事)が済んだことであるならば、その主名詞は特定されていると言える一方、「制限用法」の場合、主節述語の動詞はその動作性がかなり希薄のようである。動詞そのものに動作性がないわけではないが、文中で個別的な事柄として解釈されないのである。

　したがって、連体修飾節の「制限用法」、「非制限用法」を区別するにおいて動詞の元々の意味特徴によって、「制限用法」の枠に既に入れられるものではないと思われる。要するに、主節が動詞である場合の「制限用法」は「こと」を取る動詞類の性格に似ているので「制限用法」の連体修飾節は「コト」的な性格を持っていると言えよう。

2.3.「非制限用法」の場合

次に主節の主節述語の動詞における「非制限用法」について述べる。

> (11) 大勢の人間が海と浜とを埋めている海水浴場がはるか右手に見えていた。(あ)
>
> (12) 鮎太にはハーモニカを吹いている少女が、見えた。(あ)
>
> (13) 正面の階段上から愛嬌のある声がかかった。
>
> (14) どこからか呂律のまわらない歌が聞こえる。

連体修飾節と主節の述語においてその意味内容が個別的な出来事を表し、指示される対象である主名詞が特定されているのが「非制限用法」になる前提である。

上記の例文(11)、(12)、(13)、(14)のそれぞれの主名詞「海水浴場」、「少女」、「声」、「歌」は文の中で、話し手に同定され、実際、顕在化する特定の指示対象として解釈される。

本稿では、「非制限用法」の規定を「主名詞」が特定の指示対象と解釈されることと主名詞が複数の場合でも有標形式[3]

---

3 日本語の場合、単数と複数は形では分別できない。例えば、「机の上

であることと見なしているが、その規定から考えるとこれ
らの主名詞はその枠の中に入る範疇のものである。その場
に存在する実物で漠然とした集合の中の一つとして選ばれ
ているのではなく、具体的に存在する指示対象として表れ
ているのである。

　具体的に顕現している指示対象を表す例文(11)、(12)、
(13)、(14)の主節の動詞を見てみる。「見えていた」、「見え
る」、「(声などが)かかった」、「聞こえる」といういわゆる感
覚を表す性質を持っている動詞であることが分かる。感
覚・非感覚というのは主名詞の意味的な性格を表している
のではない。主に、動詞の意味性質に関わることである。

　工藤(前掲1984)と佐治(前掲1993)らは、[「の」を取る動詞グ
ループ]に感覚動詞を設定しているが、ここで挙げた「非制
限用法」になる主節述語の動詞の例もここに入れるべきだと
主張する。

に本がある」という例文で複数の標示がないとしても必ずしもその本
が一冊とは限らない。

3. 主節の形容詞述語

主節述語の動詞では動詞の意味特徴によって「制限用法」、「非制限用法」を述べてきたが、主節の形容詞述語の場合、「制限用法」、「非制限用法」の区別に形容詞の意味特徴は直接関わらない。したがってここでは形容詞述語の個別的な意味特徴をもって論ずることは難しい。以下、本節では形容詞の分類を通して用例を見ていくことにする。形容詞の分類は様々な観点から行われているが、具体的・恒常的という観点に基づいた荒(1989、p148～162)の分類を参考として要約することにする。

「[1] 状態形容詞；具体的な現象としての状態(人間の経験、知覚と体験)

　a. 客体の状態：例)あかるい、くらい、やわらかい…。

　b. 主体の状態：例)いたい、かゆい、うれしい、こわい…。

[2] 質形容詞：人や物に恒常的にそなわっている特性。ポテンシャルな特性；やさしい、傲慢な、謙虚な等…その具体的な現象形態はきりすてられている。」

荒(前掲)は形容詞を状態形容詞と質形容詞に分けてい

る。前者は具体的な現象を表し、後者は人や物を恒常的に表しているということを規準に分けているのである。それでは、このような形容詞の分類が連体修飾節の「制限用法」、「非制限用法」という意味制約の観点にも適用されるか分析してみる。当然、主節述語が形容詞のの場合に規制される。

3.1.「制限用法」の場合

(15) 風邪を予防する 注射 は痛い。

(16) 夜の公園で騒ぐ 人 はこわい。

(17) しま子ちゃんは色のついた お酒 が好きだ。(流し)

(18) 母の入れる コーヒー はとても濃い。(流し)

　例文(15)、(16)、(17)、(18)のそれぞれの主名詞「注射」、「人」、「お酒」、「コーヒー」は特殊な文脈的条件を排除すれば、抽象的事柄を示している。つまり、「風邪を予防する注射は痛いものだ」、「夜の公園で騒ぐ人はこわいものだ」のような百科事典的知識や、「しま子ちゃんは色のついたお酒がいつもすきだ」、「母の入れるコーヒーはいつもとても濃い」のように、個別的な事例でありながら恒常的特徴といった抽象的事柄を表わす意味で解釈するのが自然である。した

がって個別的な出来事ではなく、あるグループの下位分類という規定に準ずる例文に相応しいので「制限用法」の解釈になる範疇に入る事例と思われる。

　一方、「は」の問題が関わっているから、このような解釈が可能であると言われるかもしれないが、「が」等に変換しても、人称制限をはじめ　現場性を排除した上では程度の差はあるが、「は」の場合と同じことが言えると考えられる。

(19) 風邪を予防する注射がいたい。

(20) 夜の公園で騒ぐ人がこわい。

(21) 母の入れるコーヒーがとても濃い。(流し)

　話し手が目の前にある注射や人、コーヒーを指しながら発話する場合には、個別的、具体的な現象と見なす。言い換えると「現場性」を帯びている制約がない場合には、ほとんどの場合、話し手の頭の中に概念付けられていることを述べている。しかし、例外がないわけではない。例えば、「蚊に刺された痕はかゆい」を「蚊に刺された痕がかゆい」に入れ替えると、「制限用法」の解釈であったものが「非制限用法」の解釈になってしまう。

　状態形容詞は人間の知覚や感覚を表わすので、質形容詞

より具体的な出来事を表すと言われるが、形容詞が実際に
主節の述語として使われる時には状態形容詞であっても具
体的な現象を表わしにくくなる場合がある。よって、形容
詞を主節の述語とする連体修飾節の場合でもそのような傾
向が見られる。知覚、感覚を表わす動詞類を用いて比較し
てみるとその差は著しい。

(22) 風邪を予防する注射が床に転がっている。
　　；「非制限用法」
(23) 風邪を予防する注射がいたい。
　　；「制限用法」
(24) 夜の公園で騒ぐ人が話し掛けてきた。
　　；「非制限用法」
(25) 夜の公園で騒ぐ人がこわい。
　　；「制限用法」

　上記の例文から分かるのは連体修飾節構文であっても、
主節述語が状態形容詞の時には「制限用法」であったもの
が、動詞述語に変わると「非制限用法」の解釈に変わるとい
うことである。同じく知覚や感覚を表わす意味内容であっ
てもやはり主節述語の形容詞の場合は指示詞や文脈状況を

123

身近に感じさせる装置がない限り、「現場性」は帯びにく
い。それに比べて主節述語の動詞の場合はその動作性とい
う特徴から形容詞より現場に密着している意味機能を持っ
ていると見える。

3.2.「非制限用法」の場合

「制限用法」になる主節述語の形容詞を考察した結果、比
較的状態形容詞が目立つと言えよう。次に「非制限用法」の
例を見ることにする。

> (26) 会社の社長と名乗る男が、警察の調べにもっとも弱
> かった。
> (27) 昨日の夜に寄った/コンビニのバイトの人は存外真面目
> だった。
> (28) 昨日買って来た雑誌は面白い。

例文(26)、(27)、(28)のそれぞれの主名詞「男」、「(バイト
の)人」、「雑誌」は普通名詞でありながら特定の指示対象に
なっている。したがって「非制限用法」の解釈が可能にな
る。ところが、よく見ると「非制限用法」の解釈にさせるた

めの装置が目立つ。

　例文(26)の場合、主節述語の形容詞は「弱かった」で過去形であり、例文(27)の主節述語の形容詞は「真面目だった」であって「タ形」になり、例文(28)の場合は主節述語の形容詞は「面白い」であるが連体述語に「買って来た」という「タ形」という装置が「非制限用法」の解釈になるのを補っている。

　したがって、「タ形」ではない「ル形」にして解釈すると主名詞の「男」、「バイトの人」、「雑誌」は特定の指示対象にならずにタイプ分けとして解釈されるのである。これらを次の例文から照らしてみると

(29) おなじ社会的地位のある男が、警察の調べにもっとも弱い。(殺)

(30) ひょっとすると、母はがっかりするかもしれないが、酔っ払いを除けば、声をかけてくる人さえいないのだ。夜に活動する人は、存外動物的に礼儀正しい。(流し)

(31) 「金をもらっても読みたくない本や雑誌が多いご時世に、ありがたい話じゃないですか」

　多くの場合、質形容詞が主節の述語に来る。例文(29)、

125

(30)、(31)のそれぞれの主名詞「男」、「人」、「本や雑誌」は紛れもなく、修飾部の意味特徴を持つタイプとして解釈される。もともと、質形容詞は形容詞の中でも恒常的で、ポテンシャルな性格を持つものだと定義されているが、連体修飾節を持つ文の主節述語に来ると、最もその特性がより働いているように見える。

　不特定の指示対象を「制限用法」とする前提の下では上記の形容詞の主節述語はこの枠に入る。すなわち、形容詞を主節の述語とする連体修飾節において、その主名詞は特定の指示対象にはなりにくいことから「非制限用法」読みの解釈が難しいのである。

　一方、主節の動詞述語と形容詞述語は「制限用法」、「非制限用法」にある程度の偏りがあるのは確かである。ところが、形容詞だけを切り離してみると、状態形容詞、質形容詞の区別は「制限用法」、「非制限用法」を見分ける必然的な条件にはならないようである。

　したがって、経験と経験の一般化との対立という形容詞の分類は、「制限用法」、「非制限用法」を決定付ける要素にはならない。もっとも主節述語の形容詞が「非制限用法」読みの解釈になるには、動詞述語よりもっと緻密な現場性を必要にしていると考えられる。

126

4. 主節の名詞述語

　名詞述語を認定する際、「修飾部＋主名詞(A)＋は/が名詞(B)だ」という形式を持つ文を対象範囲にしたい。勿論、修飾部が節であることを前提にするのは当然である。

　ここでも「は」と「が」の問題が関わっていると考えられるが、AとBの中で、どちらかが固有名詞の場合である。したがって、主に普通名詞の意味制約に重点を置いている本稿ではそのような分類は適応しにくい。ここでも、主節が動詞述語、形容詞述語と同じように「制限用法」、「非制限用法」というように分けることにする。

4.1. 「制限用法」の場合

(32) 国立大学に通う人は/が秀才だ。

(33) 扇町公園で寝泊りする男は/がホームレスだ。

(34) 雪の積もった富士山は壮観だ。

　文脈的条件を排除した上でみると、「国立大学に通う」という属性を持つ人は秀才であり、「扇町公園で寝泊りする」という属性を持つ男はホームレスであり、「雪が積もってい

127

る」という属性を持つ富士山は壮観であるものだというように
解釈できる。すなわち、個別的な性格を帯びている主名詞
を表わしているのではなく、修飾部の属性を持つ主名詞Aな
ら大体Bであるという、いわば「制限用法」の解釈になる。

このように名詞述語は形容詞述語の場合と同じく、具体
的な現場性を持たないとその主名詞は同定しにくくなり、
特定の指示対象として扱うことは無理があるよう。

4.2.「非制限用法」の場合

(35) ゆとりのない男は彼だ。

(36) 世間話に興味がない男は、殺人だの事件だのに興味を持
つ男ではないので、深く追求もせず、ただ倉村評だけを
口にした。(殺)

(37) 照度が落ちているので見づらいのだが、いちばん前の席
についている男が犯人だ。

上記の例文(35)、(36)、(37)は「非制限用法」の解釈ができ
る用例である。前述した例文(32),(33),(34)との違いはこれら
の主名詞の「男」は文の中ですでに同定されていることであ
る。例文(35)の場合は、名詞述語が人称代名詞の「彼」であ

るので、すでに話し手にも聞き手にも同定されている。例
文(36)の場合、「世間話に興味がない男は、殺人だの事件だ
のに興味を持つ男ではない」という命題内容が一般的な属性
を持つ文と解釈しがちである。

　しかし、後ろの文脈からみて、少なくとも話し手にとっ
ては同定されている具体的な人物を受けていると思われる
ので、この例文は「非制限用法」の解釈が自然である。例文
(37)は、まさに眼前描写に近い例で、この場合も「非制限用
法」解釈にするべきである。

　さらに、「ゆとりのない男はばかだ」は述語としては「制限
用法」の解釈になる名詞述語文であるが、意味上は、主節述
語の形容詞に類似している。次は主節の述語を品詞別に比
べてみたものである。

[표2] 主節述語の品詞別分類による「制限用法」、「非制限用法」の有様

主節述語の品詞別分類	「制限用法」、「非制限用法」の様相
動詞の主節述語	具体・感覚動詞類は「非制限用法」寄り、抽象・思考動詞類とグループ動詞（募集するなど）等は「制限用法」寄りである。大体「制限用法」、「非制限用法」が均等に行われる。
形容詞の主節述語	質形容詞は「制限用法」寄り、状態形容詞は「非制限用法」寄りであるが、大体「制限用法」寄りの傾向である。
名詞の主節述語	文脈的な前触れを除外すると、大体「制限用法」寄りの傾向がある。

5. 結論

　主節の述語の観点から「制限用法」、「非制限用法」の考察を行った。その結果、動詞は動詞の意味特徴によって、「制限用法」と「非制限用法」に分けられる。感覚・知覚動詞類の場合には「非制限用法」になることが多く、非感覚動詞類の場合は「制限用法」になる傾向がよく見られる。形容詞の場合は、特殊な文脈条件を排除すると、いわゆる状態形容詞も質形容詞もほぼ「制限用法」の解釈になる。名詞述語においては「AはBだ」と「AがBだ」もこの枠に入れている。「国立

130

大学に通う人は/が秀才だ」、「扇町公園で寝泊りする男は
ホームレスだ」を、文脈的条件を排除した上でみると、特定
の主名詞を表わしているのではなく、修飾部の属性を持つ
主名詞なら大体そんなものだという、いわば「制限用法」解
釈になる。さらに、「ゆとりのない男はばかだ」は形式上「制
限用法」解釈の名詞述語文であるが、意味上、形容詞述語に
も類似している。以上の分析から言えるのは、動詞は動詞
の意味特徴によって「制限用法」、「非制限用法」というよう
に分けられるが、形容詞述語と名詞述語の場合は「制限用法」
が主に表れる。

131

「制限用法」、「非制限用法」における変数

「制限用法」、「非制限用法」における変数

1. はじめに

　連体修飾節における主名詞の中で主に「非制限用法」として解釈される唯一の指示対象に限られている固有名詞に対して、そのような性質を持たない普通名詞を主名詞にし、その連体修飾節の主名詞が「非制限用法」へ拡張する現象においてその様々な変数について述べることにする。

　これらが「非制限用法」として解釈される時には色々な条件があり得る。特に場面的な環境である現場性が「非制限用

法」の解釈にどのように影響するかを考察する。一般に場面が関わる問題だと、「指示詞」との関連を思い浮かべるが、ここでは普通名詞の主名詞を選んでいるわけであるから敢えて触れないことにする。

　したがって、「非制限用法」に関わる特性を「現場」に基づくものや「同定」を通して「特定」にいたるまでの様々な構文構造を対象に連体修飾節の「制限用法」、「非制限用法」を考察していくことにする。

2. 「制限用法」、「非制限用法」における指示性

2.1. 一般的な「指示」

「指示」に関する一般的な定義を『言語学大辞典』から参照すると、

「現実の場面での指示は、物(referent)を概念的に捉えて指示するので、仮に概念的指示(conceptual reference)とよべる。普通名詞の場合はこの指示概念による。ところが、固有名詞の場合は固有名詞と呼ばれる個体を直接指示するの

136

であって、概念的把握を通さない。このような指示は個体
指示(individual reference)と言える。また、人称代名詞や指
示代名詞は、普通名詞などと違って、その人、あるいはそ
の物を概念化するのではなく、具体的な言語観(linguistic
field)を参与する話し手または聞き手、あるいは場所的に話
し手に近い物、あるいは聞き手に近い物、あるいは両者か
ら離れた物をさす場合に用いられる品詞で、まったく場面
に規定される、純粋に言語的な言語記号である。このよう
な品詞の指示は場面的指示(situational reference)といえる。
(p631)」

　と書かれている。

　ところが、「指示」という概念は、普通名詞、固有名詞と
いう品詞レベルにとどまらず、指し方によって様々な意味
で使われる。例えば、連体修飾節においては、修飾部が指
示という役割を果たし、主名詞はその対象になる。本稿で
はこのような「指示」という概念が、「制限用法」、「非制限用
法」にどのように適用されるかを考察することにする。

2.2. 西山(2003)の指示性と「制限用法」、「非制限用法」 との関連

2.1.1. 西山(2003)の指示性

西山(2003、p59～118)が主張する指示性について、指示的名詞句、非指示的名詞句と関連して要約すると次のようになる。

文中での名詞句の意味機能としてもっとも注意すべきことは世界の中の何らかの対象を指示する(refer)機能と主張する。しかし、文中でのすべての名詞句がこの機能をもつわけではない。文に登場する名詞句のなかには、対象を指示する機能をもつものもあれば(指示的名詞句)、そのような機能を一切もたないもの(非指示的名詞句)もあるとする。

[a] 洋子の好きな作曲家が昨晩死んだ。―指示的名詞句
[b] 洋子の好きな作曲家はあのひとだ。―非指示的名詞句

「洋子の好きな作曲家」はいずれも世界の中の個体を指すという意味で指示的だということである。上記の定義にも示されたように、個体の対象を表す名詞句のみを「指示的」

だと見なしているのである。同じく「洋子の好きな作曲家」で
あっても、指示的になったり、非指示的になったりする。

　西山の「指示的名詞句(refer to)」というのは何らかの対象を
指示する。名詞句によって指示される対象は別に現実世界
における具体的対象に限られるわけではなく、観念上の対
象でも抽象的な対象でも、あるいは可能世界・虚構世界に
おける対象であっても一向構わない。

　それに対して「非指示的名詞句」は「AはBだ」のBの位置に
くる叙述名詞句のように、指示的な機能を本来持ってな
い。機能と敢えて言うならば、「指定」である。もちろん曖
昧なケースもあるという。

　例えば、「洋子の一番好きな作曲家が変わった」の下線部
を指示的と読めば、「洋子の一番好きな作曲家、たとえば、
ジョン・ケージの性格や容貌などが変貌した」という意味に
なるであろうし、下線部を非指示的名詞句と読めば、「洋子
の一番好きな作曲家は昔は、ハイドンであったが、今では
ショパンだ」という状況で用いられる意味になる。これは
「AはBだ」における値Bの変化を表していると述べている。

2.1.2.「指示性」と「制限用法」、「非制限用法」

まず、次の例文(1)、(2)に注目してみよう。

 (1) 洋子の好きな作曲家が事務所を訪れた。

 (2) 洋子の好きな作曲家は毎日変わる。

 西山(前掲)の分析に基づいてみると、例文(38)は「指示的」、例文(39)は「非指示的」な範疇に当てはまるものである。ところが、「作曲家」のような指示対象があるにも関わらず、「非指示的」というのは、無理ではないだろうか。例文(39)は本当に指示されてないというのか。この点が明確に分けられない。

 名詞句、中でも連体修飾節を「制限用法」、「非制限用法」の観点から考察するのが目的である本稿では、これらに次のような規定に当てはめることにする。改めてここに「制限用法」、「非制限用法」の規定を述べてみる。

---

[1]「制限用法」 ；修飾部が主名詞をグループ分け、その主名詞は不特定の指示対象として示される。

[2]「非制限用法」；修飾部が主名詞を単に特徴づける。その主名詞は特定の指示対象として示される。

(第二章、p48参照)

 それでは上記の規定に例文(1)、(2)を適用した結果は次の

　ようである。例文(1)の主名詞「作曲家」は修飾部「洋子の好きな」の特定の指示対象として機能すると解釈できるので「非制限用法」として扱うのがふさわしい。それと「特定」か「不特定」かについて問うなら「特定」と言えよう。

　それに比べて例文(2)は、主名詞　「作曲家」は「洋子の好きな」の特定の指示対象にならないので「非制限用法」ではなく「制限用法」の解釈になる。

　ところで、ここの分析において例文(1)が「非制限用法」であり、例文(2)が「制限用法」の解釈になるという結論の根拠は前節で述べたように主節述語の意味特徴にも関係がある。

　例文(1)、(2)のそれぞれの主節の述語、「訪れた」、「(毎日)変わる」をみると、前者は実際実在する特定の「作曲家」と解釈され、後者の作曲家は「洋子の好きな」のグループであることを意味する。したがって、これを「制限用法」の解釈に当てはまる例文と判断するのは無理ではないと述べたい。

　西山(前掲)の「指示的名詞句」、「非指示的名詞句」と本稿における「制限用法」、「非制限用法」は一対一で扱いにくいということである。西山の「指示的」というのはその対象がそのまま個別に表れなければならないということであり、「非指示的」はその名詞句が個別的な対象ではなく主節の名詞述語文に対する指示内容になるのを意味する。その分析

141

対象も「主名詞」の特定指示にあるのではなく、名詞句自体を扱っている。それに対して、本稿は主名詞が特定の指示対象になるかどうかを問題視する立場なので西山の指示内容が対象になるかとは異なっている。

3. 現場的指示による「非制限用法」への「拡張」

連体修飾節の中で主名詞を主に普通名詞にする構文を対象に「制限用法」、「非制限用法」を考察する時、指示詞等の文法形式的な装置が不在であっても特定の指示対象と認識する例が見られる。すなわち、「制限用法」の解釈になるはずの連体修飾節構文が「非制限用法」の解釈になるケースのことである。

このようなケースを本稿ではまず現場的指示による現場性という名称を用いて考察を始めたい。

3.1. 現場的指示による「非制限用法」

前章では日本語の「制限用法」、「非制限用法」を決定付ける重要な要因の一つとして主節の述語を中心に考察した。

更に普通名詞の主名詞の語彙特徴に優先するのは主節述語の意味特徴という観点から動詞、形容詞、名詞といった品詞を順番に考察してきた。

　形の上での分類ではあったがそれだけではなく、その意味機能にもある程度相違点が見られると言える結果が現れた。要するに、類似した意味特徴を持つ主節の述語であっても、動詞、形容詞、名詞述語のそれぞれの機能はその場にどれぐらい具現されているのかという点で異なっている。

　この節では主名詞が「普通名詞」の場合における「非制限用法」を現場性の有無という点に着目して分析していきたい。唯一の指示対象に限られている固有名詞に対して、そのような性質を持たない普通名詞がどのような条件の下で特定の指示対象に同定されるだろうか。まずは次の例から見ることにする。

(3)　大勢の人間が海と浜とを埋めている海水浴場がはるか右手に見えていた。

(4)　私は、毎日海へ入りに出掛けた。避暑に来た男や女で砂の上が動いていた。その中に知った人を一人も持たない私も、こういう賑やかな景色の中につつまれて、砂の上に寝そべって見たり、膝頭を波に打たして。

143

   (5) 窓の外から蛙の鳴く<u>声</u>が聞こえる。

  例文(3)の主名詞「海水浴場」はどこにでもある「大勢の人が海と浜とを埋めている」という属性を表しているのではなく、話し手の目の前に存在している特定の指示対象として認識されると思われる。

  次に例文(4)の「避暑に来た<u>男や女</u>」の主名詞「男や女」も漠然とした「避暑に来た」という主体ではなく現場性を帯びていることで特定の指示対象と言えよう。文脈からみて複文の全体を把握すると分かることである。

  すなわち、主節の「砂の上が動いていた」も話し手にとって実在した出来事であるので、その時の現場を描写したと言ってもいい。したがって、これらの主名詞「海水浴場」と「男や女」は特定された時に現場性を帯びているという条件に満たすので「非制限用法」の範疇に入れることができるのである。

  例文(5)はその場に話し手の耳に蛙の鳴き声が聞こえている事態の例である。このように現場性に深くかかわる現象を表す述語は特に感覚を表す類によく見られる。さらに、次の例文にも注目してみよう。

(6) 隣の席に座った|男|まで、腕を組んでしきりとうなずいて
いた。

(7) 俺はルリコを殺した|犯人|を知っているぜ。

(8) ふんと、鼻を鳴らす|秋田犬|をもてあましながら、熟年の
奥さんは好奇心丸出しで、死体の様子を観察した。

　主節述語の意味特徴における割合としては感覚を表す類
が多いことは明らかであるが、上記の例文(6)、(7)のように
文全体を取り巻く現場を基準に主名詞が特定できたら、特
定の指示対象と認識するのが自然で、大体、「非制限用法」
読みの解釈になる。

　主名詞と主節の述語の意味特徴はその次の問題になる。
更に例文(8)の主名詞「秋田犬」では犬の類を表す集合名詞(総
称名詞)でありながら、現場性を帯びることによって特定の
指示対象になっている。それでは現場性とは一体何である
かについて具体的に見てみる。

　まず、仁田(1991)はこれについて、

「「現象描写文」をある時空の元に生起、存在する現象をそ
のまま主観の手を加えないで言語表現化して述べ伝えたも
のと規定している。また、「現象(描写)文」として現前状況

145

を表す、近接未来の兆候、過去の出来事を報道する、現在
有している。(p123〜124)」
　と述べている[1]。

　「現場」という概念は様々であるが、本稿での「現場」も大
きく変わらず、事態が一時的で、現場依存的な影響で特定
の指示対象になる「主名詞」として認識されることができる
のであれば、現場性があり、現場的指示が行われたもので
ある。

---

[1]　一方、坪本(1995)は所謂現象(描写)文を「直示」という概念を取り入
　　れて説明している。
　　「二に二を足すと四になる」といった恒常的で時間の制約を受けない
　　場合に「現象描写文」として解釈がないのは現象(描写)文が、直示表
　　現を内在化しており、時所的制約のもとに成り立つものであるから
　　である。
　　「直示表現deictic」と密接に関連するものとして、「指で指し示す」
　　(pointing-out)ということがあるが、「現象(描写)文」には、「指で指し
　　示す」ということがなくても、文自体がもつ「時所的制約」が「発話の
　　場」と「発話事象」を結び付けられる。このような関係を「現象(描写)
　　文」には「+直示性」という素性が内在している形で示す。「指で指し
　　示す」働きは指示対象の特定化(主題部の具現性)と関係する。(p78)」

3.2.現場的指示から生ずる同時同定による「非制限用法」

坪本(1992、1995)[2]は発話の場/状況と知覚と密接に関係する構文についての論文で提示文という分類を想定し、提示文における状況の文連結は同時性、場所の同一性をもっていると語っている。

「提示文には実況放送、ある要素の存在・出現、順次、眼前の状況を描写しながら個体(事態)を列挙する場合、報道写真キャプション(説明文)、ドラマのト書き等がある。これらはある名詞句を談話の中に新たに導入すると同時に、それに伴う状況を描写/説明するという二重の働きをしている。しかも結果的には(眼前の)事象を描写していることになる。ここで名詞句を導入することを「提示」と呼び、その文を「提示構文」とするp(64)～(578)」

本稿ではこのような坪本の提示文に当たるものを「同時同

---

2 「提示文」とは事態を描写することをその本務とする。例)ラジオ放送シナリオなど。眼前の状況を述べている「現象描写文」と密接に関係し、文自体に状況や場と結びつく指向性があり、指示語が用いられないのが特徴である。(p83)

定」による特定の指示対象と扱いたい。普通名詞が担っている主名詞が「非制限用法」の解釈になるには「現場的」という条件だけではないようである。次の例を見ることにする。

(9) <u>隣の席に座った</u>⬚男⬚まで、腕を組んでしきりとうなずいていた。

(10) 俺はルリコを殺した⬚犯人⬚を知っているぜ。

(11)「せやけど、こんなん送ってくるとは敵もさるものやで。それでは博子ちゃん。小樽にいって見いへん。俺のツレにな、やっぱり<u>小樽でガラスやっとる</u>⬚奴⬚がおるんやけど、<u>そいつが</u>展覧会やる云うて案内くれたんよ。面倒くさいから断ったろ思ったんやけど、ちょうどええやん。なア、折角やから小樽に行って、敵の正体暴いてみいへん?」

　これらの例から見ると聞き手は主名詞について同定しているかどうかは明確ではない。ところが、これらの主名詞「男」、「犯人」、「奴」が話し手に同定されていることは確かであるので話し手のみの同定であっても特定の指示対象として認識されていると思える。話し手によって同定されるというのは、指示対象が文脈的な情報から既得である状況

148

が普通である。

　しかし、上記のような例は、指示対象になる主名詞をその場で認知し、同定する状況であるので同定が同時に行われた「同時同定」と称することにする。

　本稿ではこういう「提示文」と「現象描写文」の現前描写に当てはまる構文を「同時同定」と見なしたい。その理由としては「非制限用法」が特定の指示対象が「同定」されることに焦点があるとしたら、坪本の「提示文」もその範疇に入るからである。「提示」の機能を「同定」という観点から取り入れると、連体修飾節を通して初めて「同定」するという意味で「同時同定」と扱いたい。

　改めて本稿の目的は「非制限用法」を取り巻く条件を考察することであって、「提示文」と「現象描写文」の追及ではない。ある対象を「提示」し、現象描写文で「ある時空の元に存在する現象を写し取った文」という状況を考えると、坪本も仁田も連体修飾節の「制限用法」、「非制限用法」という観点からは述べてはいないが、眼前の状況やある時空の元に生起、存在する現象をありのまま言語表現化した文の中にある対象の特定の指示という読みの文が入ると見なしたい。

　以上のことから、指示対象が何であろうと、同定可能な現場性を帯びる状況であれば、述語の意味特徴に優先して

特定の指示対象に至ることができると言えよう。

4. 「制限用法」、「非制限用法」におけるその他の変数

　多くの場合、「制限用法」、「非制限用法」を決定付けるの
は主名詞が普通名詞であれば前者、固有名詞であれば後者
であってこれは暗黙のルールのように議論の余地なく主張
されてきたが、上記のような条件を満たしてもある環境の
下では見分けに変化が起こることがある。その一つが前節
で述べた「現場的指示」による変数であったが、ここではそ
の他の変数について述べることにする。

　「制限用法」になる条件下のものが「非制限用法」になるこ
とはあってもその反対は見当たらないということである。
まれに、固有名詞の主名詞がある特定の多数を表す例は
合ってもそれは本来固有名詞が持っている習性から離れて
いるので考察の対象として外すことにする[3]。

3　例) 韓国で暮らしている キム・ウンジュ さんは数え切れないくらい
　　多い。
　　; 主名詞の「キム・ウンジュ」は固有名詞ではあるが、「韓国で暮らし
　　ている」という修飾部の制限を受けていてある特定の指示対象には

4.1. 文脈・状況的な変数

　前の節の「現場的指示」の変数以外にも連体修飾節の「制限用法」、「非制限用法」を左右する変数をここで考察することにする。特に考察範囲を複文以上の連文レベルにした時その変数は著しい。文中でいきなり普通名詞が主名詞に使われると、その指示対象は同定しにくいことは確かであるが、連文レベルでは先行文脈によって前もって指示されている場合が多い。よって、普通名詞で同定することも普通に行われている。

(12) a. 朱美に言われて智佐子がおずおずと口を切った。

　　　・「あの、もしかしたら亡くなった三木四郎さんを、好きになったのでは」。

　　　・「はい」消え入るような———と形1容していいだろう。

　　b. 間接的に殺した二人を含めて、実に<u>四人の男の命を奪った</u><u>女</u>が、うっすらと顔を赤らめていた。

　　c. 「私が羅須クラブに入ったのも、<u>四郎さん</u>のそばにいたかったから」。

認識できない。したがって、「制限用法」の解釈になる例文である。

    d. 言ってはわるいが、<u>よだかのように顔に味噌をつけ</u>
      <u>た</u>｜男｜を、こんな魅力的な女性が、愛情の的にしてい
      たとは。(殺)

  先行文脈からみて、「四人の男の命を奪った｜女｜」は「智佐子」
であり、「よだかのように顔に味噌をつけた｜男｜」は「四郎さ
ん」を指示対象にしている。指示対象がすでに先行文脈で話
題になり、話し手に了解されている。

  (13) それで私たちはまず、喫茶店を探してお茶を飲み、海沿
     いの道をひどくながいこと歩いて<u>鳥のいる</u>｜公園｜にいっ
     た。｜公園｜には「観察小屋」というのがあって、…首に双眼
     鏡をぶらさげたおじさんがうろうろしていたりしておも
     しろかった。

  (14) うちに帰ると、<u>浅草で買ってきた</u>｜ビットモカシンロー
     ｜ファー｜が、居心地の悪そうなお客様顔で玄関に残ってい
     た。｜それ｜を、私は他の靴とおなじように下駄箱にたてか
     けた。

  例文(13)は、指示対象が具体的に提示されて、後に普通
名詞でそれを受ける場合であったが、例文(14)のように逆

のパターンもありえる。つまり、その現場の特定の対象として決めることができる場合は、普通名詞を列挙するだけでも同じものを示していると考えられる。

　しかし、いずれにしても、先行文脈にすでに取り上げられている対象を同定し、さらにそれを受けるときには同じ単語を繰り返して使うよりは指示代名詞が使われるのが一般的である。まさに例文(14)がそれにあたる例文と考えられる。場面上、同じ「ローファー」であることは確かであるが、「それ」を使って、より正確な指示対象を表わしているのである。ところが、複文以上のレベルだといっても、かならず、同定できるわけではない。例文(15)を見る。

(15) カリダード　：「じゃあ、さっき言ったことを復唱してみて…」

　　　キョウコ　　：「アルコールで管の先端を消毒して管の中を生理食塩水で…」

　　　カリダード　：「空気は？」

　　　キョウコ　　：「あ、いけない。液体の入った袋から伸びる管の中の空気を抜いて…」

(16) カリダード　：「…注射針は、命をうばう爆弾を扱っていると思ってちょうだいね。悪いことに注

　　　　　射針というのは手袋の上からでも刺さる
　　　　　ようになってるの。針というより、刃物
　　　　　なのよ…」(京子)

　例文(15)、(16)は病院で新米医者を相手に医療行為を教え
る場面である。実際に液体の入った袋や注射針を使うとし
ても、その場限りの事柄ではないので「非制限用法」の読み
の解釈にはなりにくいのである。このようにその場限りの
特別な事柄ではなく、繰り返されるか、または普遍妥当な
場合は「制限用法」の読みとして解釈される。
　要するに、特定の指示対象になる条件は文法・形態的な
条件を伴わなくても文脈状況が揃えると十分可能である
が、複文レベルの文脈であってもすべてが指示される対象
が特定のものとして解釈されることではない。

4.2. 構文構造による変数

　前の節では普通名詞が主名詞の場合の「制限用法」、「非制
限用法」の見分けとして「現場指示的変数」、「文脈状況的」と
いう変数をみてきたが、今回は構文構造によっても異なる
かどうかを見ていくことにする。

4.2.1. 仮定条件構文

仮定条件構文はそのネイミングからも分かるように、仮想の事態[4]を前提に行われている。ここでは、仮定条件表現を表わす形式が仮定性を帯びている場合だけを考察範囲にする。

(17) 色の派手な ネクタイ を見ると、すぐ買いたくなる。

(18) 彼が演奏する ショパン を聞くと、涙がでる。

前章で動詞主節述語について考察してきたが、そこでは、感覚・知覚動詞類は「非制限用法」の解釈が普通であると結論づけている。例文(17)と(18)は、主節の述語が「見る」、「聞く」という動詞が使われているにもかかわらず、それぞれの主名詞「ネクタイ」、「ショパン」は話し手に同定されている特定の指示対象にはならない。それはやはり仮定とい

---

4 仮定条件を表わす形式がすべて仮定的な表現を表わすとは言えない。例えば、赤ちゃんにあげる 牛乳 を見ると、急に怒り始めた。主名詞「牛乳」はこのように仮定条件を表わす形式でも、現場性を有していると主名詞は現実世界に存在しており、話し手に同定された指示対象になる。
すなわち、「非制限用法」の解釈になるのである。これは、文脈依存というより、仮定形式に現実の世界を表現する機能も託されているのではないかと思われる。

うのは、実際には実現していない事態を表わすのが本務で
あるからである。

(19) 銭洗弁天の近くといえば、鎌倉を知っている人なら見
　　当がつくかも知れない。あいにく僕には見当がつかな
　　い。(殺)

(20) カナ漢字まじり、表音表意の両刃使いができる日本語な
　　らではの武器をみずから放棄するのはもったいないかぎ
　　りだ。(姥)

　例文(17)、(18)は主節の述語に仮定条件形式がつく場合で
あったが、(19)、(20)は主名詞に仮定形式がつく場合であ
る。ここでも、それぞれの主名詞「人」、「日本語」は修飾部
の前提下にあるもので、特定な指示対象にはならない。

(21) 滝本氏は以前に、人間には肩書きなんか要らん、もしど
　　うしてもつけるなら、阪急電車で通勤している人は「阪
　　急電車愛用家」などと書くべきであると言った。

　例文(21)は、「もしどうしてもつけるなら…べき」という仮
定を表わす副詞的表現を使って、主名詞をすでに同定され

ている指示対象と解釈しにくくする。要するに、仮定性を
持つ仮定条件構文は、非実現であることが前提なので、「非
制限用法」の解釈にはならないと結論付けることができる。
これについてより詳しい分析を下記に試してみた。

(22) a. 洋子の好きな作曲家が事務所を訪れた。

　；「非制限用法」

　b.*洋子の好きな作曲家なら事務所を訪れた。

　；「非制限用法」解釈不成立(「制限用法」解釈も不成立)

(23) a. 洋子の好きな作曲家は毎日変わる。

　；「制限用法」

　b. 洋子の好きな作曲家なら毎日変わる。

　；「制限用法」解釈成立

　修飾部が主名詞に対してグループ分けの機能として解釈
される「制限用法」、修飾部が主名詞に対して情報付加や特
徴を表し、主名詞は特定指示されているように解釈される
「非制限用法」という本稿における定義を基に上記の例文を
分析する。

　例文(22a)は「非制限用法」解釈になり、例文(23a)は「制限
用法」解釈になる。これらの構文を仮定条件文に変えてみ

る。すると、前者を仮定条件文にした例文(22b)は非文に近いくらい不自然な解釈の文になり、後者を仮定条件文にした例文(23b)はaと同じく「制限用法」の解釈になる。したがって、この考察から仮定条件文は「非制限用法」の解釈にはならないことが証明できたと考えられる。

4.2.2. 再帰構文

(24) 俺はメモをとっていた手を休めた。
(25) 母は壁のスイッチに延ばした足を見つめた。
(26) 彼女は折れた腕で必死に掴もうとしていた。
(27) あの子は普段と違ってきれいに洗った顔をしていた。

再帰構文は仮定条件構文が「制限用法」寄りの解釈になるに対して、主名詞が再帰構文の目的語に使われた時には「非制限用法」寄りの解釈が目立つ。例文(24)、(25)、(26)、(27)を見ると、それぞれの主名詞「手」、「足」、「腕」、「顔」などは直間接的にその持ち主が把握できるのが再帰構文の特徴なのでその特定は前もって定まっているものと考えるのは当然のことである。

要するに、再帰構文における主名詞が不特定な集合下位

158

概念として解釈される場合は殆どないと言えよう。したがって、再帰構文の主名詞は主に特定の指示対象として成り立っているので「非制限用法」になる条件を満たしていると言えよう。

5. 連体修飾節の主名詞に付く「は・が」による変数

「は」の付いた名詞の研究は連体修飾節の中の名詞を主題として扱い、装定化した場合、成り立つか否かが主流であった。ところが、本稿では主題としての「は」だけでなく、「は」全般を対象にする。本稿の課題はそもそも「制限用法」、「非制限用法」を見分ける基準とそれをめぐる条件の考察であるので主題の「は」に限る必然性はない。更にまた主名詞の限定のあり方が「制限用法」、「非制限用法」を見分けるのに重要な動機なので単なる連体修飾節の中の名詞ではなく主名詞に絞っている。そのため、ここでは上記のことをベースにしていくことにする。

　ここでは、「は」の付いた主名詞が「制限用法」、「非制限用法」の見分けに影響を及ぼす、すなわち、変数になれるかを確認するため、その対立する格として「が」を利用すること

159

にする。それでは次の例に注目してみよう。

 (28) a. 大学に入学した<u>人</u>が電話をした。
   b. 大学に入学した<u>人</u>は電話をした。

 例文(28a)と(28b)は主名詞「人」に付く「は」と「が」を除くと、まったく同じ構文である。まず(28a)を見ることにする。

 野田(1998)の「が」[5]を参考にした上で考察をしてみると、従属節の「が」の性質は大きく二つに分けられる。一つは 従属節の中の「が」において文の主題は問題されないので主題を表す「は」は使われず、格を表すだけの「が」が使われる。

---

5 [「が」の基本的な性質]
 ① 「が」の文法的な性質—述語と名詞との格関係を表す助詞
 ② 「が」が使われる文—主題を持たない文(八木がホームランを打った)述語が主題になっている文(八木がキャプテンだ)
 ③ 文章・談話の中の「が」
 ・主題を持たない文—前の文脈とつながりをもたず、話題を導入したり、転換したりするのに使われる。
 ・述語が主題になっている文—前の文脈に出てきたものや、それに関係のあるものを主題にして、話題を継続するのに使われる。
 ④ 従属節の中の「が」—文の主題は問題されないので、主題を表す「～は」は使われず、格を表すだけの「～が」が使われる。
 ⑤ 「が」の排他的な意味—主格を表す働きが弱く、排他的な意味を表す働きが強いものがある。
 (p9～16)」

　もう一つは「が」が排他的な意味をもって主格を表す働きが弱く、排他的な意味を表す働きが強いものがあるということである。すなわち、「は」が選ばれる条件に「排他的≒制限」という理由もあると認識する。

　本稿では、連体修飾節の主名詞に付く「が」の場合、排他的な意味を表すために敢えて「が」を選ぶのは非経済的だと考える。主題を表さないなら「は」を使えばよい。このような観点から例文(28a)「人」に付く「が」は格を意味するものだと考えたい。

　通常、連体修飾構文が「制限用法」読みとして解釈されるが、「現場性」[6]がある文だとすると「非制限用法」の解釈も可能である。例文(28b)の「は」の場合は「制限用法」解釈しかできない。

　このように「は」と「が」を入れ替えただけで、「制限用法」の解釈、「非制限用法」の解釈に分けられるとすると主名詞に付く「は」と「が」も上記のような見分けの条件に入れるべきだと述べたい。

6　「現場性」を帯びるために「が」が使われたとすれば、「現場性」の条件になってしまって、重複になる。この問題は当分保留にする。

(29) a. グレイのセーターに黒のスラックスをはいた/小柄な
人は、なんだかバレエ教室の先生のように見える。

b. グレイのセーターに黒のスラックスをはいた/小柄な
人が、なんだかバレエ教室の先生のように見える。

例文(29a)とbの場合も主名詞に付く「は」と「が」によって
解釈が変わると思われる。例文(29a)の場合、「現場性」の不
在を想定した上で解釈すると、修飾節「グレイのセーターに
黒のスラックスをはいた/小柄な人」はタイプを表すと考え
られる。それに比べて、例文(29b)の場合は修飾部の特徴を
有している特定の「主名詞」として解釈される。

それぞれ「制限用法」、「非制限用法」の解釈になる。とこ
ろが、主節述語「見える」が「思われる」ではなく、感覚動詞と
して直接「目に見える」という意味だとすると、当然、特定
の人をさす意味になれるので「非制限用法」の解釈になる。

主名詞が固有名詞であれば、「特定」されたものとして扱
いやすいが、普通名詞の場合は、上記で述べたようにいく
つかの条件により特定化され、「非制限用法」寄りの読みに
なる。下記は「制限用法」、「非制限用法」における様々な変
数における考察結果を図式化したものである。

[表1]「制限用法」、「非制限用法」の見分けに関する変数

その他の変数	「制限用法」、「非制限用法」の有り方
現場性	「非制限用法」寄りの解釈
文脈状況	「非制限用法」寄りの解釈
仮定構文	「制限用法」寄りの解釈
再帰構文	「非制限用法」寄りの解釈
主名詞に付く「は」	「制限用法」寄りの解釈
主名詞に付く「が」	「非制限用法」寄りの解釈

6. 結論

　「制限用法」、「非制限用法」を見分ける基準は主名詞が固有名詞である場合を除いて分析すると現場性に非常に密着した関わりを持っている。いま現に目の前に行われている現象を描写するなど、感じたことを素直に描写する時には現場性を強く持つようになり、「非制限用法」読みの解釈に繋がる。

　前章で主節の述語を品詞別に述べたように感覚動詞類が「非制限用法」読みの解釈になりやすい理由もここにある。要するに現場性を持つのであれば、その指示対象が特定指

163

示を受け、それが話し手に同定される。話し手を中心とする現実世界に入り込んで、その場に限っても個別的事態を表わすことができるのである。

　形容詞述語の場合も現場に密着していると、解釈が「制限用法」から「非制限用法」に変わってくる。例えば、「夜の公園で騒ぐ人は/がこわい」という形容詞主節述語文は「制限用法」と解釈されるとしたが、実際に目の前に公園で騒ぐ人をさしながら語ると、指示対象が話し手を取り巻く世界で存在しているため、「非制限用法」の解釈が可能になる。したがって、「制限用法」、「非制限用法」の見分けにおいて、場面設定は他の変数よりも重要な基準になる。そして現場性と共に文脈状況の条件も「制限用法」、「非制限用法」を識別する基準の一つである。これは大体、複文以上のレベルで多く見られるが、先行文脈や、主名詞が情報や経験を通して特定の指示対象として、同定されている対象なら「非制限用法」の解釈になる傾向がある。一方、指示詞が付くと勿論特定の指示対象として同定しやすいが、特定の指示対象に限られている状況ということが認識されたら、その指示対象は同定できると考えられる。

　更に、先行文脈で指示対象が取り上げられた場合、主名詞が普通名詞の場合、単数・複数の使用は自由である。も

ともと、日本語の普通名詞は数の概念が希薄であるということに基因すると思われるが、先行文脈で普通名詞が使われると、それを受ける対象は単数形式も複数形式も可能なのである。

　その他、仮定構文、再帰構文はそれぞれ「制限用法」寄りの解釈、「非制限用法」寄りの解釈になる傾向をを考察した。

照応における「制限用法」、「非制限用法」の構文構造

照応における「制限用法」、「非制限用法」の構文構造

1. はじめに

　連体修飾節において「制限用法」、「非制限用法」と分けられる条件は主節述語の他、色々な変数が働いていることを考察してきた。そこから、「制限用法」、「非制限用法」は「現場性」という概念と非常に密着していることも確認することができた。

　つまり、今、現に目の前に広がっている現象を描写し、感じたことを素直に描写する際には現場性を強く持つこと

になり、それによって、まさに特定の指示対象と捉えられるので「非制限用法」解釈に繋がることになる。

　日本語の連体修飾節においてその意味制約を決定付ける要因は、これまでの考察の結果、主名詞の意味特徴をはじめ、複文レベルでの主節述語の類型とも関わっていることが分かった。

　これらを踏まえて本稿では考察の対象範囲を今までの連体修飾節を含んだ複文からより広げて「制限用法」、「非制限用法」の見分けが形態的に顕在化しているかを試みようとする。その観察の装置として複文以上のレベルである連文をその考察範囲にし、中でも主名詞を受け取る装置として「照応」という概念を用いて考察していくことにする。

2. 指示表現の「照応」と「ダイクシス」

　連体修飾節の考察対象を指示表現という観点から見ると「ダイクシス」と「照応」を挙げることができる。「こ」、「そ」、「あ」に関わるダイクシス用法と照応用法においては前方照応の「こ」は照応にダイクシスの機能を加えた用法、あるいは、照応用法とダイクシス用法の中間的なものと言えよ

う。純粋に照応用法は「そ」しかない。「あ」にはダイクシス用法しかない。「こ」のダイクシスには、話し手に近い物理的な特定物を指示し、話し手による言語的コンテクストを物理的事物としてとらえて指示する。

「そ」のダイクシスは、聞き手に近い物理的特定物を指示し、言語的コンテクストを物理的事物としてとらえて指示する。「あ」のダイクシス用法は、話し手・聞き手両方から遠い眼前にある物理的特定物を指示し、話し手の頭の中に喚起された時間的に遠い具体的状況の中の特定物を指示する。

2.1.「ダイクシス」について

ダイクシス(deictic)というのは金水(1985)によると、

「発話という行動の空間、時間的座標に発話を定位するといった、人称代名詞、指示代名詞、テンス、その他の言語形式を持つ機能を表す。例えば、「イヌ」がある種の動物を意味するというよりは、「ワンワンと鳴く動物」を意味するほうが正確である。しかし、特定用法の「犬」であれば、インデックス的要素が加わることになる。ダイクシスの機能を持つ語を総称して「indexical」と呼ぶことがある。「Indexical」

171

はダイクシス語、すなわち、「deictic word」と同義ととって
もいい。「ダイクシス」の種類としては「こそあ」「時間」「場所」
「人称」「敬語」などが挙げられる[7]。(p468〜472)」と述べてい
る。それでは次の例文に注目してみよう。

(1) 　去年実家に帰ってきた娘はだいぶ痩せていた。彼女はも
う東京には帰りたくないといっていた。

---

[7] 「A類：わたし、あなた、こ、そ；特徴は話し手、聞き手の役割が交
替するたびにそれに従って交替することにある。その結果、同一の
指示対象が指示される。ダイクシス用法の「こそあ」はいわゆる現場
指示の「こそあ」に、照応用法の「こそあ」は文脈指示の「こそあ」に対
応する。
B類：「彼、彼女、あ、いま、きのう、となりの」等
「こそあ」がダイクシス用法か照応用法かの問題は「こそあ」を含む名
詞的語句の指示対象の唯一性、特定性が言語的コンテクストによっ
て保証されるか、物理的、状況的手段によって保証されるかの問題
ということになる。(p468〜472)
更に、砂川(2003)はダイクシスについて、
「時間や場所や人を表す表現の中には、同じ指示対象を表すのに発
話の状況に応じて異なった表現を用いなければならないものがある
が、それを「ダイクシス」表現としている。分け方としては「社会的
なダイクシス」を設けているのが特徴である。社会的なダイクシス
とは、特定の人の行為をその人より召した人が述べるときは尊敬語
を使うが、目上の人が述べるときは使わないといったように、話し
手からみた人間関係に応じて使い分ける表現である。(p141)」
と述べている。

172

　後ろの文の「彼女」は前文の主名詞である「娘」のダイクシス用法である。ダイクシス用法はそれ自体が特定対象を指示する機能を有しているため、今まで「固有名詞」、「普通名詞」と分けてきた枠からは遠ざかっている性格の代名詞である。「制限用法」、「非制限用法」においては「非制限用法」の解釈になる。

　このような点から普通名詞が主名詞である場合の「制限用法」、「非制限用法」の見分けに働く変数に重点を置いている本稿としては、ダイクシス用法は考察対象としない。したがって、本稿での考察方法は「照応」に絞っていくしかないのである。

2.2.「照応」について

　今西(1990)によると「照応表現」というのは、

「一般に照応形(anaphor)と呼ばれる。先行詞と照応形の間に成り立つ関係は、照応(anaphora)ないし照応関係(anaphoric relation)と呼ばれる。先行詞と照応形の間に照応関係が成り立つ際、照応形が音形を持ち、すなわち、有形(non-null anaphoraまたは代用(substitution))である場合と音形を持たな

173

い、すなわち、無形(null anaphoraまたは削除(ellipsis))である
場合がある。更に「照応」というのは前の文脈で指示対象と
して特別に言及されていない状況でも文脈の推論を経て使
われることもある。(p11)」

　と述べている。

　「照応」とは、通常、一般に文の中に、あるいは一貫性の
ある文連続の中の二つの言語形式が同一の対象を指示して
いる場合のその二つの言語形式の関係を意味する。

　一方、山梨(1992、p2〜12)によると「照応」は大きく二つに
分けられるという。すなわち、「前方照応」と「後方照応」で
ある。

① 前方照応(anaphora)：文脈の中で先行詞が照応詞に先
　行する照応を言う。

　a　その娘は今部屋で寝ている。

② 後方照応(cataphora)：先行詞が照応詞に後行する照応
　を言う。

　b　大学を卒業した娘は昨日帰ってきた。

　照応形は、それ自体では示そうとする意味を完全に充足することができない表現であり、それが使われている言語的文脈(文や談話)ないし非言語的文脈(状況など)の中で何らかの関係で結び付けられる先行詞によって意味的に完結されるものである。情報の既知性を明示するとともに、言語表現の持っている冗長性(redundancy)を打ち消す機能を持つ。

　したがって、より特定の指示対象を表すことになるので、「制限用法」、「非制限用法」の観点から見ると「非制限用法」寄りの割合が高くなるかもしれないが、「照応」の形によって様々な現象が見られる。次の例に注目してみよう。

(2)　昨日帰ってきた娘は大変疲れ気味だった。その娘は今自分の部屋で寝ている。

　修飾を受ける主名詞「娘」が「その」という照応用法で表され、特定の指示対象と示されている。このように本稿では、連体修飾節を含む複文を前文とする後文における「前方照応」について考察して行くことにする。

2.3. 本稿における「照応」と「ダイクシス」の捉え方

金水(前掲1985、p468)によると、語句や文の指示対象は、ダイクシス系か照応系か、どちらかの手掛りによってどちらかの座標系に定位されるという。ダイクシス系の場合は基準となる視点(話し手か聞き手)を中心に対象が求められるが、照応系の場合はテキストで作られた世界の中に対象が求められると言う。金水は、照応系に当たる例の中で興味深い現象を表す例文を 幾つか挙げている。

(3) 昨日知り合いの医者に会った。医者はわたしの顔を見るとすぐに何か心配事があるのかと聞いた。

(4) その日も仕事を終えて七時に家に戻ると、玄関先で私を待っている人がいた。*人は笑いながら私に近づき、握手を求めた。

そもそも、ダイクシス系のような現場指示では目の前の指示対象を指すことは当然のことである。例えば、「公園で踊っている人がいる」という例の場合、その場で「人」を指差ししながら「人が踊っている」のような現場指示の場合、大体の場合「非制限用法」解釈になりがちである。

176

　それに対して、照応系は先行文で触れられて、初めて推
測できることを基本にしている。したがって、照応による
分析は主に文脈指示だけを対象にしなければならないので
ある。そういう点では例文(3)、(4)は場面的な条件は満たし
ている。ところが、結果的に(3)は適切な文と解釈され、例
文(4)は非文解釈になる。

　これにより、「ハダカの名詞」[8]の形で照応するのは先行文
に触れている条件だけでは不十分だということが言えよ
う。このように文の中で名詞が照応により同定される方法
はいろいろある。特に日本語には定冠詞などの限定詞の機
能が不在と言えるほど少ないため名詞の特徴づけは自然に
文レベルへ広がっていく。次の例に注目してみよう。

　　(5)　朱美に言われて智佐子がおずおずと口を切った。「あ
　　　　の、もしかしたら亡くなった三木四郎さんを、好きに
　　　　なったのでは」。「はい」消え入るような―――と形容し
　　　　ていいだろう。間接的に殺した二人を含めて、実に四人

8　「ハダカの名詞」というのは、一般的な「名詞」と区別して、照応の機
　　能を帯びているのにも関わらず、何の指示表現を付け加えていない
　　ことを示す。

　の男の命を奪った囲が、うっすらと顔を赤らめていた。

「私が羅須クラブに入ったのも、四郎さんのそばにいた

かったから」。言ってはわるいが、よだかのように顔に

味噌をつけた囲を、こんな魅力的な女性が、愛情の的に

していたとは。

(6)　鳥のいる公園に行った。公園には「観察小屋」というのが

　　あった。

(7)　子供を殴った人を追いかけていた。その人は覆面を被っ

　　ていた。

　例文(5)は指示対象がすでに先行文脈で話題になり、話し

手に了解されている。例文(6)は、無標の形で同定してい

る。例文(7)の場合が、日本語で典型的な同定方法で指示詞

を付けて「人」を同定している。このように、前文に前もっ

て触れられた名詞が後文で現れるときは、指示詞、連体修

飾を付け加えたりするが、特に、日本語の場合、例文(6)の

ように無標の形でも同定が可能であることが目立つ。とこ

ろが、

(8)　子供を殴った人を追いかけていた。*人は覆面を被って

　　いた。

178

(9)　ひょっとすると、母はがっかりするかもしれないが、酔っ払いを除けば、声をかけてくる人さえいないのだ。夜に活動する男は、存外動物的に礼儀正しい。*男はまた存外おとなしい。

(10)　眼鏡をかけている女性はモテない。*女性は、頭はいいが気難しそうにみえるからだ。

　上記の例文(8)〜(10)のように主名詞を照応する形として無標の照応「人」、「男」、「女性」を使うと非文になってしまう場合がある。例文(8)の場合は、照応系として典型的な形式である「その」を「人」の前に付け加えると「子供を殴った人を追いかけていた。その人は覆面を被っていた」のように自然な文になる。

　例文(9)の場合は照応系「その」を付け加えても次のように「*ひょっとすると、母はがっかりするかもしれないが、酔っ払いを除けば、声をかけてくる人さえいないのだ。夜に活動する男は、存外動物的に礼儀正しい。その男はまた存外おとなしい」のような文にしても非文になる。「夜に活動する男」を「その男」は示せない。なぜかというと「その男」は「夜に活動する男」の全般を表すことができず、特定の指示対象に限られるからである。最後の例文(11)もこれと同

じ脈略で説明できる。

　結局、上記の例文はすべて「ハダカの名詞」として照応できない。「その」、「そういうタイプ」といった、照応のようなタイプをもって「制限用法」、「非制限用法」を見分ける一つの変数と見て考察していくことにする。その前に、まず「照応」を受ける名詞類を有標・無標という観点から触れていくことにする。

3. 主名詞を中心とした「照応」

　大体の主名詞がハダカ名詞の形、すなわち無標の照応として後文で現れるためには、コンテクストを参照して同定を経て、特定化しなければならない。

> (11) その日も仕事を終えて七時に家に戻ると、<u>玄関先で私を待っている</u>人がいた。その人は笑いながら私に近づき、握手を求めた。
>
> (12) その日も仕事を終えて七時に家に戻ると、<u>玄関先で私を待っている</u>人がいた。彼は笑いながら私に近づき、握手を求めた。

　しかし、上記にも触れたように「人」のようなタイプの名詞はコンテクストがあるだけでは不適格であり、例文(11)の「その」のような指示詞や例文(12)の「彼」のような代名詞をもって特定化する必要があると見られる。次の例に注目してみよう。

　(13) 男は拳銃を取り出すと、続けざまに引き金を引いた。

　(14)＊人は拳銃を取り出すと、続けざまに引き金を引いた。

　例文(13)の「男」は何の前触れもなく文頭にそのまま置くことができるが、これに対して例文(14)の「人」はハダカの形では不十分である。これは、連体修飾構文構造によって「照応」のあり方が異なるのではなく、元々名詞が有している語彙的意味にもその要因があるとも言える。更に「人」のように、有標の照応を必要とする名詞はすごく限られた名詞に現れる現象である。さらに、修飾部を装定から述定に変えてみよう。

　(15) a. 昨日、林檎を食べた人がいた。

　　　　b.??昨日、人が林檎を食べた。

　(16) a. 昨日、林檎を食べた医者がいた。

b. ?昨日、医者が林檎を食べた。

(15b)の「人」を、人類を意味する総称指示として解釈すると自然文の許容度が上がるが、総称名詞の意味ではない個別の「人」の意味であれば不適格な解釈になる。また、例文(16b)の「医者」は先行文脈で前もって触れていないため完全に同定した対象と捉えられないが、特定の指示対象としてはその役割を果たしていると思われる。

修飾節を受ける主名詞という構造の装定では成立する構文でも、述定の構文にすると名詞の語彙的な特徴によって不完全な文になる場合がある。このように「人」タイプの名詞は文脈指示で前に触れていたとしてもハダカの形では現れにくいのである。

3.1. 無標の照応になる名詞

次の例文(17)のように、一番典型的に無標の照応になる名詞は固有名詞が普遍的であるが

(17) 大学に入学した鈴木が喜んでいる。鈴木は今年から新入生になる。

　普通名詞の場合にも無標の照応が可能である。先行文脈で一回でも触れたことがあれば大体の場合、「照応」という形式的な形がなくても無標の照応になり得る。

(18) a. 彼女は去年定年退職したご主人と暮らしている。ご主人はとてもやさしい。

　　 b. 彼女は去年定年退職したご主人と暮らしている。この/その/あのご主人はとてもやさしい。

(19) a. 父が帰りに買ってくれたアイスクリームを皆で食べた。アイスクリームを食べながら和気藹々の時間をすごした。

　　 b. 父が帰りに買ってくれたアイスクリームを皆で食べた。この/その/あのアイスクリームを食べながら和気藹々な時間をすごした。

(20) a. ミスサイゴンを演じる主役はきれいだった。主役はすごい人気ぶりだった。

　　 b. ミスサイゴンを演じる主役はきれいだった。この/その/あの主役はすごい人気ぶりだった。

(21) a. 占い本を書いた男は有名になった。男はそれで大もうけしたはずだ。

　　 b. 占い本を書いた男は有名になった。この/その/あの

$\boxed{男}$はそれで大もうけしたはずだ。

固有名詞はともかく、多くの場合主名詞である「ご主人」、「アイスクリーム」、「主役」、「男」など、普通名詞でありながら無標の照応を受ける。勿論、「こそあ」などの指示詞を付けるとより明確な特定になるのは確かであるが、無標の形でも無理なく文が成り立つ。つまり、コンテクストで前もって了解されているので、後文の文頭に置くことができるのである。次は必ず有標の照応を伴う名詞について述べる。

3.2. 有標の照応を必要とする名詞

「その日も仕事を終えて七時に家に戻ると、<u>玄関先で私を待っている人</u>がいた。*$\boxed{人}$は笑いながら私に近づき、握手を求めた。」という例文から分かるように、主名詞「人」は先行文脈で指示されているにもかかわらず、有標の照応を伴わないと不適格な文になってしまう。

そこでまず、「人」タイプの主名詞に属すると思われる名詞群の特徴について述べてみる。

① [総称指示の語彙意味が強い名詞群]

（22）a. 太郎はさっき公園で暴れている|動物|を見かけた。??
|動物|は狂っていた。

b. 太郎はさっき公園で暴れている|動物|を見かけた。そ
の|動物|は狂っていた。

（23）a. 学校で奇妙な行動をする|人物|にあった。??|人物|は意
外にもおとなしかった。

b. 学校で奇妙な行動をする|人物|にあった。その|人物|は
意外にもおとなしかった。

（24）a. 株で大もうけした|有名人|を知っている。??|有名人|は
派手な生活をしている。

b. 株で大もうけした|有名人|を知っている。その|有名人|
は派手な生活をしている。

　上記の例文(22)、(23)、(24)には主名詞として「動物」、「人
物」、「有名人」などが指示対象として挙げられている。①の
名詞群は「人」タイプに属する名詞で、概念的な意味が最大
化しており、総称指示の特徴が強いということから個別化
するには無理がある。

　したがって、この類の名詞は敢えて指定しないと同定で
きないので有標の「照応」を取るしかないので任意的に照応
系の「その」を付けて見た。その結果、「太郎はさっき公園で

暴れている動物」は「その動物」に、「学校で奇妙な行動をする人物」は「その人物」に、「株で大もうけした有名人」は「その有名人」にそれぞれ同定され自然な文として解釈される。

　ところが、無標の「a」の場合といっても「総称指示の語彙意味が強い名詞群」の「許容度」から見ると、完全に「*」までは行かない。更に次の名詞群を見てみよう。

② 自立性の弱い名詞類

(25) a. 由紀子が海外旅行から帰ってくる日だった。*日は日曜日だから学校にはいかなくてもよかった。

　　　b. 由紀子が海外旅行から帰ってくる日だった。その日は日曜日だから学校にはいかなくてもよかった。

(26) a. 由紀子が海外旅行から帰ってくる晩だった。*晩は日曜日だから学校にはいかなくてもよかった。

　　　b. 由紀子が海外旅行から帰ってくる晩だった。その晩は日曜日だから学校にはいかなくてもよかった。

(27) a. Q妹が好きだった場所に行ってみた。*場所は大阪から遠かった。

　　　b. 妹が好きだった場所に行ってみた。その場所は大阪から遠かった。

186

(28) a. 大学を卒業した喜びは言葉でいえない位だった。＊ 喜び はその晩寝られないくらいのものであった。

　　 b. 大学を卒業した喜びは言葉でいえない位だった。その 喜び はその晩寝られないくらいのものであった。

(29) a. 八年前、大阪で一度も味わったことのない暑さを経験した。＊ 暑さ は死ぬほど耐えがたかった。

　　 b. 八年前、大阪で一度も味わったことのない暑さを経験した。その 暑さ は死ぬほど耐えがたかった。

　①の[総称指示の語彙的意味が強い名詞群]の場合と同じく、例文夫々の[a]の場合は無標の照応、[b]の場合は任意的に照応系として「その」を付け加えて見た。

　その結果、例文(25)、(26)、(27)のそれぞれの主名詞「日」、「晩」、「場所」のように時や場所を表す名詞類と例文(28)、(29)のそれぞれの主名詞「喜び」、「暑さ」などのように他の品詞から転成された名詞類などが挙げられる。

　これらの名詞は形式名詞のように語彙的意味がまったくないわけでもなく、また構文的に完全に独立した名詞でもない。即ち、語彙的にも構文的にも自立性の弱い名詞類である。要するに、有標の照応になるのは言うまでもない。さらに、不自然さの許容度から見ると、総称指示の語彙的

意味の強い名詞群と比較してもかなり低いと言える。

4. 「制限用法」、「非制限用法」における照応の形式

4.1. 「制限用法」の照応

まず、例文(29)〜(32)の連体修飾節における「制限用法」の
例文に注目してみよう。

(29) 数学を研究している学生がすきだ。*学生は頭がいいか
らである。

(30) ひょっとすると、母はがっかりするかもしれないが、
酔っ払いを除けば、声をかけてくる人さえいないのだ。
夜に活動する男は、存外動物的に礼儀正しい。*男はま
た存外おとなしい。

(31) しま子ちゃんは色のついたお酒がすきだ。*お酒は見る
からにも強そうだ。

(32) 母の入れるコーヒーはとても濃い。*コーヒーがす
きだ。

188

　改めて言うが、「制限用法」というのは、「主名詞」に対して情報を付け加えるのではなく、指示対象のタイプを表す用法である。したがって、上記の例文はすべてその定義に順じている。

　その中で、例文(32)前文の「コーヒー」は、「母の入れる」コーヒーのみに限定されるが、恒常的な性格を有している。「制限用法」での修飾部は大事な意味統語要素であるために削除することはできない。例えば、「コーヒーが濃い」になると、「コーヒー」の総称を意味することになる。したがって、削除すると意味が変わってしまうのである。

　このように制限用法に置かれた状況での照応は当然「無標の照応」では不可能であり、有標の照応をもって表さなければならないのである。それでは、特定の指示対象を指示せず、タイプを表すという「制限用法」については次のような有標の照応を付け加えてみた。

(29)"a. 数学を研究している学生がすきだ。

　　 b. そういう/こういう/ああいうタイプの学生は頭がいいからである。

(30)"a. ひょっとすると、母はがっかりするかもしれないが、酔っ払いを除けば、声をかけてくる人さえいな

189

いのだ。<u>夜に活動する</u>男は、存外動物的に礼儀正
しい。

b. そういう/こういう/ああいう 男 は存外おとなしい。

(31)"a. しま子ちゃんは<u>色のついたお酒がすきだ。</u>

b. そういう/こういう/ああいう お酒 は見るからにも強
そうだ。

制限用法は上記にも触れたようにあるグループを表すタ
イプを指示するので、指示表現として「そういう/こういう/
ああいう/そのような/このような/あのような…」等、タイプ
を表す指示表現が修飾として来るのが相応しい。上記の例
文の夫々の主名詞である「学生」、「男」、「お酒」、は特定さ
れた対象のものを指示しているとは解釈しにくいからであ
る。更に次の例文(32)"に注目してみる。

(32)"a. <u>母の入れる</u> コーヒー はとても濃い。

b.*そういう/こういう/ああいう コーヒー はとても
濃い。

c.*その コーヒー はとても濃い。

例文(32)"は前述で「制限用法」の枠と判断している。「制限

用法」の修飾部はグループ分けという機能も持つので、照応形を付け加えるのなら、「そういう/こういう/ああいう/そのような/このような/あのような…」等が来ると本稿は論を展開している。ところが、そうした操作を行った(32b)"は連文との繋がりとして自然解釈ができない。それから「その」を照応形とした(32c)"も前文との繋がりを考えると自然解釈ができない。

　それではこの例文が上記の例文と違うところを考察してみると例文(29)、(30)、(31)の修飾部はタイプ分けであるが、例文(32)だけは「母」の個別的なグループ分けであるということである。つまり、例文(32)の修飾部の意味特徴は個別的な出来事が恒常的に持続するということなので、特に個別ということを示さないと不自然な解釈になる。そこで、次のように「母の」を入れて分析したところ、

(32)"d.　母のそういう/こういう/ああいう│コーヒー│はとても
　　　　　濃い。
　　e.　母のその│コーヒー│はとても濃い。

　上記の例文(32d)"と(32e)"は自然解釈ができるようになった。そこで今の段階では「制限用法」と「非制限用法」の中間

191

的な性質を持っているとしか言えないのである。

　続いて、以下に特定の指示対象を表す照応形を付けてみてどうなるか見ることにする。

(29) ゛数学を勉強している学生がすきだ。＊この/その/あの学生は頭がいいからである。

(30) ゛ひょっとすると、母はがっかりするかもしれないが、酔っ払いを除けば、声をかけてくる人さえいないのだ。夜に活動する男は、存外動物的に礼儀正しい。＊この/その/あの男は存外おとなしい。

(31) ゛しま子ちゃんは色のついたお酒がすきだ。＊この/その/あのお酒はみるからにも強そうだ。

(32) ゛母の入れるコーヒーはとても濃い。＊この/その/あのコーヒーは見るからにも苦そうだ。

　上記の例はすべて非文として解釈される。このように例文(29)゛〜(32)゛を考察した結果、「制限用法」は必ず有標の照応を必要とする構文であり、その照応形もタイプを表す性質のもの(例えば、「こういう/そういう/ああいう/このような/そのような/あのような」等)でないといけないことが分かる。

192

4.2.「非制限用法」の照応

「制限用法」の照応が有標の形でしか表せないのに対して、非制限用法の場合は、有標は勿論、無標の照応も可能である。下記の例をみると、[a]は無標の照応で[b]は有標の照応に当たる。

(33) a. 抹茶がはいったアイスクリームを食べた。アイスクリームはとても美味しかった。

　　 b. 抹茶がはいったアイスクリームを食べた。この/その/あのアイスクリームはとても美味しかった。

(34) a. 昨日スターバックスで飲んだコーヒーは美味しかった。コーヒーは香りもよいし、値段も割と安い。

　　 b. 昨日スターバックスで飲んだコーヒーは美味しかった。この/その/あのコーヒーは香りもよいし、値段も割と安い。

(35) a. 数学を研究する男に会った。男は頭が良さそう。

　　 b. 数学を研究する男に会った。この/その/あの男は頭が良さそう。

そもそも、「非制限用法」用法というのは、特定の指示対

象である主名詞を持つことを表す。したがって、前もって
特定された名詞を再び同定しなくてもいいので無標の照応
が可能である。

　したがって、名詞の照応における形式の有無は、語彙レ
ベルの問題でもあれば、制限/非制限によって統語構造が
違ってくる領域まで広がる問題である。

[表1]「制限用法」、「非制限用法」の「照応形」の有様

	前方照応形
「制限用法」	そういうタイプの、そういう、こういう、ああいう、そのような、あんな、こんな、そんな…
「非制限用法」	その/あの/この…

5. 結論

　日本語の照応における名詞の表し方は、主に語彙レベル
で決められ、先行文で指示対象になった名詞であれば、大
体の場合、無標の照応で表すことができる(例外として、総
称指示を表す名詞群や形式名詞群など必ず有標の照応で表
される場合もないわけではない)。しかし、「制限用法」、「非

194

制限用法」という構文レベルからみると、必ずしも語彙レベルにとどまっているとは言えない。「制限用法」の場合、固有名詞を除くと大体の普通名詞は有標の照応でないと同定することはできず、不自然な文になってしまうからである。「非制限用法」は有標・無標の照応が可能であるのに対して、「制限用法」は有標の照応しかできず、照応も「そういうタイプ、そのような、そういう…」などのように所謂タイプを表す形しかできない。

　以上の考察から照応における名詞の分析を通して、連体修飾節の「制限用法」、「非制限用法」は意味領域だけではなく、構文構造からでも明らかに相違点が顕在化しているということを主張する。

連体修飾節と「という」、「との」の機能

連体修飾節と「という」、「との」の機能

1. はじめに

日本語の連体修飾節は主名詞を直接修飾する言わば「花を持っている女」のような構文が典型的な例文であるが、その他、次のように節と名詞の間に何らかの接続形式が介在する場合がある。

(1) a. 今年の夏は暑いという記事
　　　b. 観光に生かそうとの模索

例文(1)のaとbは連体修飾節と主名詞との間に「という」や「との」が介在する構文である。これを単なる接続形式と見なすには「という」、「との」を削除すると非文になる場合もあるので、接続の機能だけに限定していないことが分かる。

(1)'a.*今年の夏は暑い記事

　　b.*観光に生かそう模索

それでは、接続形式を有する連体修飾節における修飾部の構造と接続形式の意味・用法を探りながら本稿全体の課題である「制限用法」、「非制限用法」とはどのように関連しているかに重点を当てながら考察することにする。

2.「という」と「との」の構文上の位置づけ

従属節の分類は学者によって様々であるが、その一つである引用節における引用助詞「-と」の構文上の位置付けから述べていくことにする。引用助詞「と」が介在する引用節は基本的に連用節に属するもので、一部の引用節が補足語の機能をする。「-と」は、根本的に副詞成分でありながら、

時々、必須成分にもなる。

　　(2)　a．太郎はこんなことをしてはいけないと、ワープロの
　　　　　　スイッチを入れた。
　　　　b．大臣はあらゆる手段を講ずると述べた。

　　例文(2)aの「と」は構文上、下線部なしでも文として成り
立つので副次成分である。それに対して、[b]の「─と」は下
線部がないと不完全な文になるので必須成分である。この
ように、引用助詞「と」を伴う引用節は、連用節の範疇にも
なり、格助詞や主題を表す助詞として補足語や主題として
働く名詞節の範疇にも属する場合がある。それでは引用助
詞「と」を含んだ「という」と「との」の構文上の位置付けはど
のようになっているかについて見ていきたい。

　　(3)　94年当時、メキシコ危機が起こりエマージング市場はも
　　　　うダメだという見方が大半でした。
　　(4)　爆弾テロがあったバグダッドの国連現地本部前で21日、
　　　　ダシルバ国連イラク人道調整官が記者会見をし、「国連
　　　　は人々に開かれた組織であり続ける」として、新たな本
　　　　部ビルに移っても「占領軍による警備がこれまで以上に

201

　　強化されることはないだろう」との見通しを述べた。

　修飾節と名詞に介在する「という」と「との」は、引用助詞「—と」を介在した複合辞¹と言われる。文中では、成分以下のレベルとして機能しているので、連体修飾節の枠で考察することが妥当と考えられる。節が「という」と「との」を介在して名詞を修飾する構文は、介在形式のない無形の連体修飾節とは異なっている。しかし、修飾節が主名詞に意味・構造的に関わることは明らかであるので、連体修飾節の範疇に入れても問題がないと考えられる。

1　[複合辞]の定義について藤田(2000、p35)は「と」と述語句の一部がまとまりと述べ、その以前の定義としては森田(1989)の助詞・助動詞相当連語という用語を挙げることができる。

3. 「という」と「との」の機能

3.1. 「という」の機能

「という」の規定について次のように語られてきた。まず、修飾部と名詞に介在する「という」は引用助詞「—と」を介在した複合辞という藤田(前掲)の主張と規定は同じであるが、これを丹羽(1994)は複合辞ではなく連体複合辞という用語で示している。更に田上(1997)では次の例文を用いて、

(5)　a. 倦怠感を除去するという|刀|
　　　b. 倦怠感を除去する|刀|

顕在的に形態化された繋辞「という」にとって、修飾部は主名詞とともに、明示的にその形容詞的判断の直接的対象領域として位置付けられると説明している。しかし、このような用語と説明は敢えて「という」の存在を強調するためであって、例文(5)aとbを比べてみるとそんなに意味の差までは説明になっていないように見える。

　一方、このような「という」を名詞修飾節の接続形式で、被修飾名詞が内容節の属する範疇を表わす[2]と益岡(1993、

p15)は述べ、また内容節とは被修飾名詞の内容を表わすという特徴を有する修飾部を一括する。内容節といえば「という」は基本的に付加可能だと主張している。それでは「という」の意味用法から見ていくことにする。下記の例文(6)は中畠(1990)[3]による分類を参考にしたものであるが、見てみよう。

---

2 a. <u>友人が詐欺師にだまされた</u>話
　；修飾節が被修飾名詞の内容を説明することでその内容を限定
　b. <u>友人が詐欺師にだまされたという</u>話
　；被修飾名詞「話」によって内容節の範疇が明示される。
　c. <u>友人が詐欺師にだまされたという</u>のは嘘だった。
　；範疇を明示しない「の」が用いられている違いがあるだけである。
3 「という」の用法

	引用	名づけ	伝聞	つなぎ
「いう」の実質的な意味	O	O	O	X
「いう」の主体が不特定の用法	X	O	O	-
節に続く	O	X	O	O
言い切り	O	O	O	X
連　体	O	O	O	O
タ　形	O	O	X	O

(p43)

「いう」の実質的意味の強さという観点から見ると、つなぎだけが、「いう」の意味が希薄であるのに対し、他の引用、名づけ、伝聞は「いう」の意味を含む。さらに、引用、名づけ、伝聞についてみると、引用は「いう」主体が特定されるのに対して、名づけ、伝聞では、不特定多数を主体と考える。構文上の問題では、「という」の前に述語を伴った文相当の単位（節）が来るかどうかをみると、名づけのみ語にしか続かない。さらに、言い切りや連体用法についてみると、引用、名づけ、伝聞では言い切りと連体の両方に用いられるのに対し、つなぎは連体にしか用いられない。(p44)

204

(6)　a．大阪では店の人が「おおきに」という

　――(引用)

　　b．このあたりは梅田という

　――(名づけ)

　　c．北海道はもう雪が降ったという

　――(伝聞)

　　d．大阪では冬に水道が凍るという心配はない

　――(つなぎ)

　例文(6a)、(6b)、(6c)、(6d)の中で、どちらかというと(6d)のほうが本稿の考察の対象になる。これは構文上の問題であって、つまり、[修飾節+という+名詞]という構造の構文を対象にするという意味のことである。したがって、意味・用法上「つなぎ」以外の「という」も含まれている。また、発話行為を表す主名詞の「という」は省略の出来ない必須である。

　一方、「という」が任意の場合、通常は言語化されない関係付けの過程をあえて文の中に盛り込むことになる。

　「大阪では冬に水道が凍る」+「心配」は介在形式のない典型的な連体修飾構文であり、「大阪では冬に水道が凍る」+という+「心配」は「という」という接続形式が介在する連体修飾構文である。意味面では両方とも大した差は見られない。と

205

ころで、「単なるつなぎ」というのは前の節が意味・文法的
に独立し、接続形式がなくても主名詞が修飾できるという
ことからも分かることである。

　したがって、「という」を挿入するというのは任意的であ
ることを意味する。　一方、連体述語の文法カテゴリーが多
様な「引用」の「という」に比べ、「伝聞」[4]の「という」は、その
文法カテゴリーにおいては限られていると見られる。更に
決定的に「いう」の主体が不特定ということである。すなわ
ち、aとcだけでは見分けられない解釈の差であることを意
味する。

　　(7)　a. 大阪では冬に水道が凍るという 話

　　　　b. 大阪では冬に水道が凍るという 話 は大げさだ。

　　　　c. 大阪では冬に水道が凍るという 話 を聞いた。

　例文(7b)は、「大阪では冬に水道が凍る」という内容の「話」

4　仁田(1991)はこれについて
　「「伝聞」は第三者からの情報を聞き手に取り次いでいることを表す
　形式である。したがって、伝聞では、「(*僕/君)によれば、彼女は結
　婚したそうです」のように、一人称者や二人称者をニュース・ソー
　スに取った表現は容認不可能である。(p68)」と述べている。

が「大げさだ」という任意的な単なる「つなぎ」の機能である。また、[c]は、「大阪では冬に水道が凍るという話」を「聞いた」という引用の解釈になる。結局、接続形式の「という」の意味・用法である「伝聞」、「名づけ」、「引用」、「つなぎ」の解釈になる基準は主節述語の意味との相関関係も影響すると思われる。

3.2.「という」の擬似代動詞機能

「A+「という」+B」の構文であってもすべて接続形式扱いは無理である。ここで扱っているのは、引用助詞「と」が本動詞としての機能を働かない「いう」と組み合わせて、連体述語と主名詞の間を接続する形式である。

(8)　a. 私を愛しているという あなた がすきだ。
　　　b. あなたが私を愛しているという。

例文(8)aの「いう」は本動詞の意味として働き、「いう」までが修飾部で「接続形式」ではない。bのように、終止形にすることは可能であるが、接続形式「という」の「*私を愛しているという あなた 」という解釈は不自然である。これは接

207

続形式「という」は一人称、二人称は不可という人称制限が
あるという従来の研究からも取り上げられている。更に

  (9) a. <u>ロックを愛したという</u>70年代

        b. 70年代はロック愛したという。

        c. <u>ロックを愛した</u>70年代

 例文(9)aは引用構文の構造としての解釈もできるが、単
なるつなぎとしての接続形式「という」の解釈も可能であ
る。ところが[b]の解釈の場合、「いう」が直接的な発話では
なく、「と言われる」に近いということである。動作主が特
定されていない、または必要ではないからである。これ
を、「いう」の多義的な観点からして本動詞とみるべきか困
惑するところであるが、ここでは修飾節と主名詞を繋げる「関
係化辞」と見なしたい。
 さて、「という」が単なるつなぎの機能を持つということ
は「～いう」に「発話する」という本動詞の持つ語彙の特徴を
帯びていないことを意味するが、大低の場合、そのようなこ
とを英語では「do」が担っている「代動詞」と呼ばれるものが
その機能を果たしている。
 日本語の場合、この「～いう」という動詞に代動詞の機能

が託されているように考えられる。

(10) a. この文章が分かったと思う囚はA、分からなかった
　　　 という囚はBとノートに書きなさい。

(11) a. 太郎が大学に合格すると信じる囚は多く、太郎が大
　　　 学に合格しないという囚は少ない。

　上記の例文(10)、(11)の「いう」は主に「発話」、「思考」のような動詞群を託している。つまり、後者の「という」は「思う」、「信じる」のような引用構文の動詞を受け、代動詞の機能を働いている。

　このように、接続形式「という」とは言うものの、接続形式の機能だけではなく思考、発話動詞等に準じる意味内容を託している。そうすると、本動詞ではないが、何らかの意味内容と接続機能を同時に持つと言えよう。しかし、次の例文から本動詞が有している文法機能までは託されていないことが分かる。

(10) b.*この文章が分かったと思う囚はA、分かったといわ
　　　 ない囚はBとノートに書きなさい。

(11) b.*太郎が大学に合格すると信じない囚は多く、太郎が

209

<u>大学に合格する</u>といわない人は少ない。

(12). ?<u>会社を首になった</u>と言われた山田は今里帰り中で、課長に昇進したという佐藤は海外旅行中である。

(13). ?<u>彼氏を愛した</u>と思われた彼女は裏切られ、彼女を裏切ったという彼氏は逃亡中である。

　例文(10a)、(11a)の後文の「という」は前文の「思う」、「信じる」の意味特徴を受けているが、例文(10b)、(11b)の構文のように否定のような文法カテゴリーまではその機能を働いてはいない。そして、例文(12)、(13)のように前文のボイスの構文も受け入れない。つまり、「という」の「～いう」には意味的な代役は可能であっても、本動詞としての完全文法化は不可能であると言える。これを本稿では擬似代動詞的な「～いう」と見ている。

3.3.「との」の機能

「伝聞」、「名づけ」、「引用」、「つなぎ」などの意味用法を
もつ「という」に比べ、通常「との」は「単なるつなぎ」や「名づ
け」の機能がないという。

(14) a. *大阪では冬に水道が凍るとの話は大げさだ。
　　b.　大阪では冬に水道が凍るとの話を聞いた。

もし、「という」を入れると、aは適切であるが、例文(14)a
のように「との」は不適切である。「との」に単なるつなぎの
機能がないというのは「引用」の解釈に近いというのを意
味する。「との」が介した文においてそれを削除すると不自
然になるのは「との」が修飾部と名詞を接続するにおいて何
らかの意味機能を有していることを示していると言える。
次に主名詞に関わる「という」と「との」の修飾構造を示して
みた。

(15)「という」と「との」の修飾構造
① a.　連体修飾節　　＋　　　という　：　主名詞
　　b.　連体修飾節　　：　　（という）　：　主名詞

211

② 連体修飾節 　　　＋　　　との　　　：　主名詞

前述したように「との」は単語レベルと単語レベルを繋げる用法がないとしてきたが、意味と形式両ともそれに一致しているかについて後ほど、詳しく見ることにする。

3.4.「との」の統語的制限

「連体修飾節+という+名詞」、「連体修飾節+との+名詞」が文中に現れる場合、これら「という」と「との」には介在形式のない構文構造とは異なる意味・機能が存在する。更に「という」は名詞を受けることができるが、「との」はそれができない[5]。

そもそも、意味の変化を行わない、同格を表す類と言われる「という」と「との」であるが、前件と後件、すなわち、修飾部と主名詞には意味・統語的な制限がある。前件の連体修飾構文が「節」か「単語」かによって解釈と文法性が異な

5　例えば、「選挙前の野合でそのうち混乱するという楽観論と、侮れないとの危機感が交錯した」の中、助詞の「と」は「楽観論」と「侮れない」を並列させる機能を持つ並列助詞であって修飾節と主名詞を接続する「との」の「と」ではない。

る。したがって、統語的な制限が働いているので、これは
考察する必要が十分あると考えられる。

　「「との」と「という」を基本形[6]に対する特殊型に位置付け
している益岡(2002)は「との」という介在形式はもっぱら連
体修飾節と主名詞を接続する形式である((p93〜115))。」
　と述べている。

　それに対して、果たして引用の「との」の用法はかならず
しも連体修飾節しか来ないのではないかより詳しく見てい
きたい。これを考察するにおいて、形だけをみると上記の
説明に反する例文がある。以下に述べてみる。

　　(16) a. 「「同盟」は共通の目的のため行動をともにする関係」
　　　　　　との一般論
　　　　 b. 「報道によれば、北朝鮮で米国に協力を求めざるを得
　　　　　　ない以上、米国を支持するしかないとの政府内の議
　　　　　　論が紹介されているがその真偽は」との質問

6　「「私が友人から聞いた事実」、「政治家が業者から賄賂をもらった事
　　実」等、このように連体節が主名詞に直接接続する「連体節」＋主名詞」
　　という形式を基本形修飾表現とよ呼ぶことにする。(p93)」

    c. 少しでも貢献できれば、との 思い

    d. 長ければ二十年ぐらいとの こと

    e. 健康を意識してとの 気負い

    f. 全運営管理機関中で初めてとの こと

    g. 解散風が強まる中だけに「いま、なぜ」との 声

    h. 業界には「札幌市内は供給過剰」との 声

通常、連体修飾節というのは「連体述語」を中心にした節を示す。名詞を修飾する連体修飾節はその述語が連体形(形は終止形と一緒であれ)で表されるものである。

それに対して、「との」が介在している上記の例文(16)は、「と」が「並列助詞」の意味用法ではなく、「引用」であるにも関わらず、その修飾部における連体述語は様々な形態をしている。

例えば、「業界には「札幌市内は供給過剰」との声」を見ると、「札幌市内は供給過剰」は連体述語の要素が見られないので、どう見ても連体修飾節とは思えない。改めて、次の例文を見てみよう。

(16)ʼa.*「「同盟」は共通の目的のため行動をともにする関係」 一般論

b.＊「報道によれば、北朝鮮で米国に協力を求めざるを得
　ない以上、米国を支持するしかないとの政府内の議論
　が紹介されているがその真偽は」質問

c.＊少しでも貢献できれば、思い

d.＊長ければ二十年ぐらいこと

e.＊健康を意識して気負い

f.＊全運営管理機関中で初めてこと

g.＊解散風が強まる中だけに「いま、なぜ」声

h.＊業界には「札幌市内は供給過剰」声

　「との」を削除すると、非文になる。それは、日本語は引
用助詞「と」を介在すれば、直接話法の場合も間接話法の場
合も直前におかれる[7]。間接話法の場合は連体述語が連体形
であるが、直接話法の場合は様々である。

(17)　胡弓や三味線の音色より、「見えない」との不満の声

7　砂川(1989)はこれについて
　「西洋語には直接話法と間接話法とがあるが、日本語ではその区別
　が必ずしも明確ではない。その原因は「――と」という形式が直接話法
　にも間接話法にも用いられ、この両者を明示的に区別することが、
　形式の上で難しい。(p357)」
　と述べている。

(18) これも当初より、「難しい」との意見

例文(17)、(18)は「との」が連体修飾節を受け入れるに当たって、述語一つの成分でも節に成り立つという観点からみると、「見えない」や「難しい」だけでも「との」に繋がる修飾部を成すことができるということを示している。この場合は直接話法か間接話法か区別がつかない。

次は主に名詞述語が連体述語として機能する例文である。これらは語尾が「一だ」で終わる終止形であるが、「一だ」を消去しても引用の解釈になるかどうか分析してみることにする。

(19) a. 自らの党首辞任も党ぐるみの犯罪だとの疑惑

　　 b. 自らの党首辞任も党ぐるみの犯罪との疑惑

　　 c.*自らの党首辞任も党ぐるみの犯罪の疑惑

(20) a. 北朝鮮を交渉の場に戻すことが急務だとの認識

　　 b. 北朝鮮を交渉の場に戻すことが急務との認識

　　 c.*北朝鮮を交渉の場に戻すことが急務の認識

(21) a. 森田先生の奥さんは良妻賢母だとの噂

　　 b. 森田先生の奥さんは良妻賢母との噂

　　 c.*森田先生の奥さんは良妻賢母の噂

216

　ここで注意すべきことは、例文(19)、(20)、(21)の(b)のように「だ」を消去しても元の解釈と変わらないことと、単語として捉えてもいいということとは別の問題であるということである。「だ」を消去した名詞述語は単なる名詞ではない。「と」を削除して「名詞　+「の」+　名詞」の形にすると非文になるからである。

　つまり、「だ」を消去しても解釈が変わらなかったのは、名詞述語の語尾である「だ」はただ表面上、連体形を保った連体述語の形ではないものの、省略されただけで、その述語としての機能は依然残っていると考えられる。「との」の前の修飾部が意味的に整った命題内容を保っているからである。要するに修飾部の発言内容や思考内容が纏まっているのである。「との」の修飾形式が連体修飾節の形ではないが、それに準ずる意味・統語機能を有していると主張したい。

3.5. 「との」の連体述語制限

「との」の連体述語制限を論ずるにおいてまず連体述語を形容詞に限定して考察することにする。話し手の感情の表出が連体述語においてどのように現れるかについて見ておく。

(22) a. <u>6者協議で取り上げるのは難しい</u>との 見方

    b. <u>派内の理解を得やすい派の独自候補が望ましい</u>との 姿勢

    c. <u>頭を柔軟化したほうがいい</u>との 考え方

    d. <u>9万年は返さなくてもよい</u>との 判断

    e. <u>少なくとも現段階で再処理施設が稼動している可能性は低い</u>との 認識

    g. <u>存続が危うい</u>との 危機感

    f. <u>同天皇が没した756年にはすでに建立されていた可能性が高い</u>との 研究結果

    h. <u>小さなエビやサワガニ、小魚がえさ。体長が1メートルを越すこともありますが、院内町で認識されているのは80センチ余りが一番大きい</u>との こと

    i. <u>地縁血縁や特定の国家議員の影響力が根強い</u>との 見方

    j. <u>3〜4週間で、痛みが緩和してくる人が多い</u>との こと

　「との」を接続形式にする構文において、連体述語として
の感情・感覚形容詞は見られなかった。連体述語が形容詞
である場合はその形容詞の類と話法は限られているようで
ある。仁田(1998)[8]では形容詞を属性、評価・判断、感情・感
覚というように三分類(属性―新しい、忙しい類、評価・判
断―素晴らしい、凄い類、感情・感覚―懐かしい、欲しい
類)等にし、用法の中心が述定ではなく想定であるのは、属
性形容詞のみであるという。特に、感情・感覚形容詞では
述定が装定の倍近くである。装定を本領とする形容詞のあ
り方は属性形容詞に当てはまるもので、ある意味、感情・感
覚形容詞は動詞に近い性格を持っていると言える。装定優

8　仁田(1998、p32)によると名詞を修飾限定する用法を「装定」と呼び、
　述語として働いている用法を「述定」と呼ぶ。動詞にも形容詞にも、
　述定と装定がともに存在するが、動詞の中心は述定用法、形容詞は
　やはり名詞を修飾限定する装定用法にあるという。その割合は次の
　ようである。

[形容詞と動詞の装定用法・述定用法]

	述定	装定
動詞	890/85%	159/15%
形容詞	250/37%	428/63%

[形容詞のタイプと装定・述定用法]

	装定	述定
属性	325	99
評価・判断	76	102
感情・感覚	27	49

位という形容詞の全体的なあり方からすれば、形容詞の中心は属性である。

更に樋口(2001、(p39～59))は特性形容詞は文の中で述語としても連体修飾語としても機能するのに対し、状態を指示する形容詞は述語としては機能するが、連体修飾語として機能することはないと述べている。

このように連体述語は述定とは違い、発話行為という性質が弱いようである。したがって感情・感覚形容詞が述定の度合いがいくら強いといっても、表出が抑えられる連体述語では表れにくい。これが上記の例から照らしてみると「属性」、すなわち「特性」形容詞が大部分であることが分かる。

修飾部と主名詞の間に介在する接続形式を「という」と「との」に限定して、その構文上の位置付けと統語的制約を考察した結果、言えるのはまず、「という」に比べ、「との」はその意味用法が明らかに「引用」に限られるが統語的には形式は様々であるが、節としての機能は持つべきだということである。その理由は、「との」の前の修飾部は直接話法や間接話法が自由に来られるからである。その中で名詞述語の場合は「だ」が省略された形でも来られるので、構造的な制約はなく、形容詞の連体述語の場合、属性を表す特性形容詞が主に使われると言えよう。

220

4. 主名詞の意味特徴による「という」と「との」の有様

益岡(2002、p105)では内容節に来る名詞、大きく引用系名詞と修飾部の意味内容を表すコト系名詞の二つに分けている。更に、引用系名詞は発話に関する名詞と思考に関する名詞に分けることができる。次は「という」が介在している「引用系名詞」と「コト系名詞」の例である。

① 引用系名詞

(23) a. 二人はまもなく結婚するだろうという噂(発話)

b. 日本語は学習が困難だという意見(思考)

② コト系名詞

(24) 政治家が業者から賄賂をもらったという事実

引用系名詞はメタ言語的な性格を帯びており、コト系名詞は連体修飾節で表されている事態の範疇に対応している。これと比較して、「との」は「という」が引用系名詞、コト系名詞双方も受け入れるのに対して、コト系名詞が来ることはない。

(25) a. 二人はまもなく結婚するだろうとの噂

　　 b. 日本語は学習が困難だとの意見

(26) a.*政治家が業者から賄賂をもらったとの事実

　　 b.*日本語は学習が困難だとの話

「との」は「単なるつなぎ」の機能を持たないので、「日本語は学習が困難だ＝話」という同格用法は成立しない。ところが、

(27) 佐賀大のボランティアサークルからも参加してみたいとの話

例文(27)のようにコト系主名詞が来ても不自然ではない。上記の例文(26)は分析の範囲が主名詞までに止まっているので文として不自然なわけで主節の述語までに解釈を広げるとコト系名詞がないことはない。更に次のように

(28) 日本語は学習が困難だとの話は聞き間違っている。

例文(26b)の主節述語を変え、例文(28)にすると自然文としての解釈が適切になるからである。

222

　一方、寺村から本格的に始まった「外の関係」をめぐる名詞分類は「という」の介在可否を手がかりとして行われたものであって、名詞の個別的な考察ではない。

　しかし、名詞そのものに発話、思考、コト的な意味があるという見方を考慮する余地があるのではないかと思われる。以上において、コト系名詞に「との」が介在するか否かは「という」のように任意的に扱うべきだと結論付けたい。

5. 結論

　「という」と「との」の介在形式から見た。介在形式の「という」と「との」は他の介在形式とは異なって、主に節を受けるのでここではこれらに限定して、その構文上の位置づけと統語的な制約を考察した。まず、意味用法が多様な「という」に比べて、「との」はその意味用法が「引用」に限られている。更に、「との」は主に節を受けるが節である修飾部の形は制限されていない。直接話法や間接話法などが来られる上、名詞述語の場合は「ダ」の省略した形でも現れるので構文構造には比較的自由である。

連体修飾節の連体形を中心にみた日・韓の対照研究

連体修飾節の連体形を中心に
みた日・韓の対照研究

1. はじめに

　日本語と韓国語は同じ[S+O+V]構造であるため、文法レベルや言語表現の対照レベルでの研究は活発に行われていた。したがって、文法形式の類似点はある程度明らかになったと言っても過言ではない。

　その中で連体修飾構文構造に関する研究は意味内容による分析、即ち、「内の関係」、「外の関係」や「制限用法」、「非制限用法」という研究は比較的類似点の観点から語られてき

た。しかし、連体修飾節における連体形の形態的な観点か
らは類似点よりは相違点が目立つという共通認識があるの
は確かである。本稿では連体修飾節における日・韓の異質
的な連体形を形から探り、究極的に日・韓の連体形の相違
点が連体修飾節の研究分野に及ぼす影響を分析することを
目的とある。

　詳しく見てみると、日・韓とも修飾部である節が主名詞
の前に来る構文構造は同じであるが、連体形と終止形の機
能面では異なるが形態的には終止形と変わらない連体形の
日本語と終止形と連体形の形態的な活用がそれぞれである
ことが目立つ韓国語とはかなり異なっている。

　日・韓の構文構造における共通点に関する研究は盛んに
研究されてきたが、連体修飾節の連体形ように相違点が著
しい分野はまだ開拓する余地があると考えられる。

　本章の目的は、日・韓の連体形の相違点が連体修飾節の
研究分野にどれぐらいの影響を及ぼすかにあるので、それ
ぞれの研究分野を分析しながら、その中に連体形の形が関
わっているかどうか展開していくことにする。

　それではまず、連体修飾節構文において修飾部と主名詞
の間の介在形式である「という」をめぐる考察を主名詞の意
味的性格に重点を置きながら日韓の連体修飾構文を対照し

ていくことにする。

2. 「という」と「고 하는」をめぐる主名詞と連体形

2.1. 日本語の「という」をめぐる主名詞

　寺村(1992、p261〜296)が英語の分類型を日本語に適用できない理由として述べたのを次のようにまとめると、

　まず、接続詞の機能は接続助詞や名詞的なものもある。それから単に用言の活用語尾にすぎない、「して、〜たら」など、また「節」の規定についてもSubjectとPredicate verbを日本語にそのまま適用するのは無理だと見ている。その中で、英語の関係節か日本語の連体修飾節かその規定が曖昧な「という」介在形式の主名詞について幾つかに分けている。と要約できる。

　それでは藤田(前掲 2000、p487)により寺村の分類を金水(1989)が整理した表を下に示してみる。

[표1] 寺村の「外の関係」の分類

修飾部	名詞群	具 体 例	という
内容補充	Ⅰ発話性	言葉・手紙・返事・電報・申し出・噂・小言・不平・命令・誘い・依頼	義務
	Ⅱ思考性	意見・期待・思い・考え・想像・気持ち・決心・意志・信念	
	Ⅲ「コト」	話・事実・事・事件・騒ぎ・歴史・記憶・夢・過程・くだり・可能性・恐れ	仕事
	Ⅳ半叙述性	癖・習慣・風習・資格・身の上・準備・必要・商売・作業・仕事・技術・方法	
	Ⅴ知覚性	音・匂・味	
相対補充	Ⅶ相対性 Ⅵ	上・下・右・左・中・外・前・後・原因・理由・結果・一方・一面・ほか・半面・すき・途中・帰り・横・名残・最初・当日・前日・相手…	不加
		悲しみ・寂しさ・落着かなさ・やさしい・焦り・不安・怒り	

230

　上記のように日本語は「という」を介在して、「という」が義務か任意か不可かという基準を元に名詞が分けられてきた。こういう分け方を通しては介在形式の形式的な措置だけではなく、主名詞の意味特徴も「発話性」、「思考性」、「知覚性」、「相対性」などある種の共通点が見られる。

2.2. 韓国語の「고 하는」をめぐる主名詞

　後期の寺村の分類に関連する韓国語の主名詞の研究を調べて見ると、南[1](ナン)(1973)が挙げられる。次にそのような介在形式をめぐる主名詞の分類(韓国語の場合)について挙げてみる。

① 完形補文のみを取るもの；「弱点」、「欲張り」、「利点」、「噂」、「知らせ」、「連絡」等
② 不具補文のみを取るもの；「可能性」、「勇気」、「不祥事」、「事件」、「記憶」、等

1　完形補文(undeformed sentential complement)は補文がその原型を保存しているものを示す。不具補文(deformed sentential complement)は補文がその表面構造において終結語尾「다-(da)」を欠けているものを示す(ナン(1986、p11)

③ 両とも取るもの；「疑い」、「罪」、「前歴」等

上記のように、韓国語の連体形は完形補文と不具補文という概念を導入して主名詞を分けることができる[2]。主名詞の意味特性も日本語と同じ類型に分けられる。

2.3. 韓国語の完形補文と不具補文

日本語の連体修飾の介在形式「という」に対する韓国語の「고 하는」の対照研究には韓国語の連体形の形態に注意すべきである。これにはまた完形補文と不具補文という概念を熟知する必要ある。次にこれらの規定と導入の理由について述べることにする。前述したとおり韓国語の連体形は終止形とは異なる活用をするため、形態的に相違点が目立つ。終結語尾「다(da)」の前に時制や相を表す形式が来て、更に、後ろの名詞を修飾する際に「다(da)」の位置に連体語尾が来る。その前に韓国語の連体形の体系(冠形形)を触れておく。

2　これは韓国語の連体形がすべて完形補文と不具補文とに分けられることを意味することではない。韓国語の連体形(冠形形)は終止形のそれと同じぐらいの形式が存在するからである。したがって冠形補文と不具補文は一部分の概念的な分け方にすぎない。

[表2] 国語の連体形語尾

区分	動作動詞	状態動詞	있다(itta)動詞(いる、ある)	이다(ida)動詞(だ、である)
現在(持続)	ー는(nun)	ー(으(u))ㄴ(n)	ー는(nun)	ーㄴ(n)
過去(完了)	ー(으(u))ㄴ(n)			
未来(推測)	ー(으(u))ㄹ(r)	ー(으(u))ㄹ(r)	ー(을(ul))	ーㄹ(r)
過去(回想)	ー던(don)	ー면(myon)	ー면(myon)	ー던(don)

　上記のような形式は典型的な連体形であると言える。更に連体形語尾を韓国語では冠形形語尾[3]という用語で表す。

3　ホン(1985、p145〜149)「冠形形語尾(Adnominal Ending)」とは動詞の語幹や動詞に付いた接尾辞の後に付き、名詞を修飾する機能を持つ。冠形形語尾は時制と状態の機能も併せて持っており、動詞の種類によって異なって現れる。種類は次のようである。

ー는(nun)；動作動詞にのみ現われ、動作がある時点から現在持続的な状態。

ー(으(u))ㄴ(n)；動作動詞に付き、ある時以前に終わったことを表し、また形容動詞や이다動詞に付き現在の事実を表す。

ー(으(u))ㄹ(r)；動作動詞の後でまだ実現しない事を表す。

ー던(don)；1)過ぎ去った事を回想したり、過去持続の意味を表す。
2)았(at)「었(ot)、였(yot)」と結合すると完了の意味が更にはっきりする。

それでは、連体修飾節が主名詞を修飾するということから
見ると、次のような問題が提起できる。

① 完形補文(undeformed sentential complement)

(1) 유리-가 졸업했다-「는」　소문-이 있다.
　　ゆり-が 卒業した-「という」　噂-が　ある。

② 不具補文(deformed sentential complement)

(2) 나-는 그-에게 말-을 한　기억-이 없다.
　　私-は 彼-に 話-を　した　記憶-が ない。

　完形補文と言われる例文(1)は基本形から活用した過去形
であれ、韓国語の終結語尾「다(da)」を保っている例文であ
る。それに対して日本語の場合は終止形と連体形はその機
能は異なっていても形態は同じであるので、「した」で示さ
れている。
　連体修飾節と主名詞の間に「는(nun)」と「という」を介在し
ているものの、日・韓とも節が後ろの主名詞を修飾してい
る。不具補文である例文(2)を見ると、日本語の場合は過去

連体形が「した」で示されているが、韓国語の場合は、基本形が「하다(hada)」であるが、この文では「한(han)」で示されている。これは介在形式のない無形の連体修飾節において韓国語の場合、終止形と異なる連体形を認めざるを得ない事を意味する。

　しかし、南の主張する「完形補文」は、連体形が終止形の形で介在形式の前に来ているように読むことも出来る。そこでその誤解を招くために完形補文は、引用節がさらに名詞を修飾する形なので引用冠形化の補足節という立場もありうる。例えば、

(3) 韓: 부장-이 횡령-을 한 죄-로 체포되었다.
　　日: 部長—が 横領—を した 罪—で 逮捕された。

(4) 韓: 부장-이 횡령-을 했다고 체포되었다.
　　日: 部長—が 横領—を したと 逮捕された。

(5) 韓: 부장-이 횡령-을 했다(고 하)는 죄-로 체포되었다.
　　日: 部長-が 横領—を した (という) 罪—で逮捕された。

例文(3)は不具補文であるが、例文(5)は例文(4)が例文(3)

235

の構文の過程を経たものと考えられる。冠形化の過程で一般に導入される"「nun(는ヌン)」"を"「go hanun(고ゴ 하는ハヌン)」"と一緒に扱うことに問題がある。連体現在形の「nun(는ヌン)」と引用形式「go hanun(고ゴ 하는ハヌン)」の縮約形の「—nun(는ヌン)」は根本から違う性質のものであるからである。

　現在連体形「nun(는)」はこれ自体が連体語尾[4]であるが、「go hanun(고ゴ 하는ハヌン)」のこのような点から韓国語のすべての補文をその文末形態の終結性だけを基準に完形と不具に両分するには韓国語の連体形はあまりにも性格の異なる複雑な構文構造ではないかと考えられる。

4　南(1999、p159)によると
　　語末語尾--- ① 終結語尾；平叙形、感嘆形、疑問形、命令形、勧誘形
　　　　　　　② 非終結語尾；連結語尾---対等的、従属的、補助的
　　　　　　　　　転成語尾---冠形詞形、名詞形
　　転成語尾は活用語の語末語尾の一つである。用言の性格を臨時に変え、他の品詞のように使う語末語尾で、冠形詞形の語尾と名詞形語尾と分けられる。冠形詞形の語尾は「-ㄹ(r)(을(ul))-는(nun)-ㄴ(n)(은(un))」等であり、名詞形語尾としては「ㅁ(m)(음(um))-기(gi)」等が挙げられる。

3.「日・韓」の介在形式の代動詞機能

第六章で擬似代動詞と検討した「～いう」を韓国語との比
較を通してより綿密に見ていくことにする。因みに例文は
第六章の[3.2]を再び利用する。

(10) a. 日: <u>この文章−が　分かった−</u>と　思う　　⬚人⬚−はＡ、

韓: 이 문장−을　이해했다−고 생각하는 <u>사람</u>−은 Ａ.
^{イ ムンジャン ウル} ^{イ ヘヘッタ ゴ} ^{せんガ カヌン サ ラム ウン}

日: <u>分からなかった−</u>　という　　⬚人⬚−は　　　Ｂ−と
ノート−に　書きなさい。

韓: 이해못했다−　　고 하는 <u>사람</u>−은　Ｂ−라고
^{イ ヘ モ テッタ} ^{ゴ ハヌン サ ラム ウン ラ ゴ}
노트−에 쓰시오.
^{ノッ エ ッシ オ}

(11) a. 日: <u>太郎−が　大学−に　合格する−</u>と　　信じる　⬚人⬚−
は　多く、

韓: 타로−가　대학−에 합격한다−고 믿는 <u>사람</u>
^{タ ロ ガ デ ハ ゲ ハプキョクカン ダ ゴ ミンヌン サ ラム}
−은 많고,
^{ウン マン コ}

日: <u>太郎−が　大学−に 合格しない −</u>という　　⬚人⬚−
は　少ない。

韓: 타로−가　대학−에 합격못한다−고 하는 사람
^{タ ロ ガ デ ハ ゲ ハプキョク モ タン ダ ゴ ハ ヌン サ ラム}
−은 적다.
^{ウン チョク ダ}

上記の例文の中で後ろの文の「という」は「思う」、「信じる」のような引用構文の動詞を受け、代動詞の機能として働いている。日本語の「という」に当たる韓国語は「고 하는^{ハヌン}」であるが、介在形式の機能以外にも代動詞の機能も同時に有している。

日本語の代動詞が「いう」であれば、韓国語は「하다^{ハダ}」がその役割を担っている。「いう」と「하다^{ハダ}」は本動詞での語彙的な意味は異なるが、代動詞の役割と介在形式としてはその脈を共にしている。

ところが、「という」、「하다^{ハダ}」は代動詞であるが、すべての動詞を託すことはなく、主に思考、発話動詞等に準じる意味内容を託している。そうすると、本動詞ではないが何らかの意味内容と介在機能を同時に持つと言えよう。しかし、本動詞ではないので意味はともかく本動詞が有している文法機能までも託されていないことが分かる。これについて次の例文(10)と(11)を見ながら詳しく検討することにする。

(10) b. 日: <u>この文章が分かった</u>と思う 人 はA、

　　　韓: 이 문장–을 이해했다고 하는 사람–은 A、

　　　日: <u>分かった</u>*といわない 人 は　Bと　ノートに　書きなさい。

238

韓: 이해했다고*안　하는　사람－은　B라고　노트에
　　쓰시오.

(11) b. 日: 太郎が　　大学に　　合格すると　信じない 人
　　　は 多く、

韓: 타로－가　대학－에　합격한다－고 안 믿는 사
람－은　많고,

日: 太郎が　　大学に　　合格しないと*いわない 人
　　は 少ない。

韓: 타로－가 대학－에 합격못한다－고 *안 하는 사람
　　－은 적다.

　例文(10)、(11)の[a]構文の「いう」、「하다」は前文の「思う」、「信じる」の意味特徴を受けているが、[b]の構文のように否定のような文法カテゴリーまではその機能を働いてはいない。

　つまり、代動詞の「いう」、「하다」にはある程度意味的な代役の機能は可能であっても、本動詞としての完全文法化は不可能であると言える。これを本稿では「いう」、「하다」は英語の「do」とは異なる次元で擬似代動詞的な「いう」、「하다」と見なしたい。

4. 真意性

　本稿で扱う「真意性」というのは、修飾部の意味内容が真であり、その修飾部の事実が真であるのは議論の余地がないことを示す。連体修飾節で「真意性」を論ずるのは、日本語でも久野(前掲、1973)以来語られてきた。

　　「「コト/ノ」で終わる名詞節は、その節が表す動作、状態、出
　　来事が真であるという話者の前提を含まれている。(p37)」

　韓国語の場合は形式名詞よりは連体形の形態を問う上で重要な問題ではないかと思われる。更に「真意性」には主名詞の意味特性も関わると思われるので、修飾部と主名詞との相関関係を通して探っていく。

4.1. 主名詞が普通名詞の場合

　(6) 日: 彼-が　琵琶-が　弾ける-　　　という　話-は　嘘
　　　　だった。
　　　韓: ユ-가　비파-를　켤 줄 안다-　는　　애기-　는
　　　　　거짓말이었다.

(7) 日: <u>彼</u>-が　<u>琵琶</u>-が　<u>弾ける</u>　　　？　　　　話-は　嘘だった。

韓: <u>ユ</u>-가　<u>비파</u>-를　<u>켤 줄 아는</u>　얘기-는　*거짓말이었다.

(8) 日: <u>彼女</u>-が　<u>引っ越す</u>-という　報道-は　確かだ。

韓: <u>그녀</u>-가　<u>이사한다</u>-는　보도-는　확실하다.

(9) 日: <u>彼女</u>-が　<u>引っ越す</u> ？　報道は　確かではない。

韓: <u>그녀</u>-가　<u>이사하는</u>　보도-는　* 확실하지 않다.

　「報道」のような主名詞は日韓とも不具補文には来にくい反面、いわゆる完形補文の環境下では「噂」、「知らせ」などとともに主名詞として自然に来られる。その理由について日本語と韓国語は異なる面があると主張したい。

　日本語の場合、主名詞の意味特性と主節の述語が挙げられるが、韓国語の場合、「報道」などの意味特性より、現在連体形「는(nun)」[5]が「真」であり、既実であることを前提に

5　野間(1997,p128)はこれをこう語っている。「「現在形」の名で呼ばれる「는(nun)」は、動詞と存在しにのみ用いられ、ある設定された時にそういう状態にある、既にそういうことになっているということ

しないといけない意味機能と主文述語との関係に文の判断
基準があると考えられる。

　日本語と韓国語との対照で「真意性」は韓国語に傾いた概
念かも知れないが、主名詞と連体述語との比較からみる
と、そうでもない。「報道」や「噂」などは事実ではない場合
もあるので不具補文とは直接結合できなく、引用作用が介
入され、成り立つ引用的補文である完形補文と結合するの
である。

　例文(7)と例文(9)は、日本語の場合、「という」の介在しな
い類であるが、韓国語はいわゆる不具補文というものであ
る。韓国語の場合、例文(7)と例文(9)は非文であるが、日本
語ではそれほど不自然ではない。主名詞の意味特性がもた
らす連体述部形式が、韓国語の場合、日本語より厳しいと
判断されるかも知れない。

　言い換えると、日本語の連体形と韓国語の連体形は、文
中で表される形態が表現される形も機能的にも異なるとい

を表すことが多く、自制的な性格が濃い。「ᄂᆫ(nun)」は、目の前で起
こっている事実であれ、習慣や反復的な動作であれ、これから先に
起こることであれ、どれをとっても、いわば「既然」的な性格が濃い
形である。」即ち、韓国語の現在連体形の「ᄂᆫ(nun)」は「真」を語る上
で、流動の恐れがない正真正銘の「真」として受け入れられると言え
よう。

うことである。特に「食べるりんご」のような基本形の形を
した連体形と韓国語の現在連体形はその意味機能が違うと
いうことである。

　解釈上は、日本語の基本連体形は韓国語の現在連体形に
当てはまるが、韓国語の現在連体形は、その上に「真意性」
を伴うという意味機能を有していると言える。しかし、主
名詞の意味特性はむしろ日本語より緩いと言える。ここで
はその理由を連体述部の形式によるものだと主張したい。
詳しいことは次の章で述べていく。

4.2. 主名詞が形式名詞[6]の場合

(10) 韓: 나ー는 순이ー가 피아노ー를 치는 것ー을 들었다.

　　日: 私ーは スニーが ピアノーを　弾く　のーを　聞いた。

(11) 韓: 나ー는 순이ー가 피아노ー를 친다 는 것ー을 들
　　　었다.

　　日: 私ーは スニーが　ピアノーを　弾く　　　ことーを
　　　聞いた。

6　「真意性」の形式的な判断基準になる。

まず、上記の例のように日本語の場合は、大まかに言って具体的か抽象的かという区別の機能を主名詞が担当しているが、韓国語の場合は状況を想定しなくても連体述部で決められることが分かる。

韓国語の代表的な形式名詞には「것コッ」と「일イル」がある。前者は「の」、後者は「こと」に比較されるが、韓国語のほうがより主節の述語によって制限される。これらの流れを簡単にまとめて見ると、日本語の場合、「という」介在の有無は主名詞が握っているが、韓国語の場合は同じ主名詞でも連体述部が握っていることと言える。それでは、なぜ韓国語の場合は、(7)のような文は非文になるのか。

本稿ではこれを「真意性」の問題にあると述べたい。「完形補文」を使う時はその文は真意性がなくてもいい。しかし、不具補文が使われたとすると、その文は真意性に基づくものでなければならない。

とすると、例文(7)と例文(9)における韓国語の非文はある程度解決できると思われる。(10)と(11)の場合も真意性に基づく文なら、おそらく、具体的、現実的であると不具補文(実質的意味のない形式名詞が主名詞になった場合こそそうである。日本語の形式名詞「の」と「こと」との対立と韓国語の依存名詞「것kot」)が置かれ、そうではない場合は完形補

文が置かれたと言える。さらに、日本語の場合は、

▶「目の前で、次郎がピアノを弾く」場合、

(12) a. 次郎がピアノを弾いているのを聞く。
　　 b.(*)次郎がピアノを弾いていることを聞く。

▶「以前聞いた話に言えば、次郎がピアノを弾く」場合、

(13) a.(*)次郎がピアノを弾いているのを知った。
　　 b. 次郎がピアノを弾いていることを知った。

例文(12)と(13)のように、主節の述語と修飾部の有機的な意味関係により形式名詞が「の」や「こと」に分けられる。

(14) a.「の」を取る主節の述語；具体的、感覚的、現場依存的
　　　　(現実性有り)
　　 b.「こと」を取る主節の述語；抽象的、非感覚的、現場
　　　　離れ

形式名詞であっても、「の」と「こと」の意味機能による制

限があるが、韓国語の場合は、「것(kot)」という形式名詞を
共にしながらも、連体述語が「完全補文」か「不具補文」で制
限が行われると判断する。

5. 日・韓の連体述語に起因する相違点

5.1. 構文構造の対照

　日本語は他の言語に比べて語順が自由だとされている
が、連体形は終止形との区別がつかないということで主名
詞に依存する形を取っている。しかし、韓国語は、連体形
が文法・意味機能だけではなく、形態的に区別できるので
文末に来て文を終止する機能を持つ。ここで対象にし前提
にしているのは、許容範囲が広い会話ではなく、表記上の
形態が中心になっているということである。

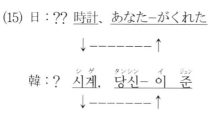

　(15) 日：?? 時計、あなた–がくれた

　　　　　　　↓――――――↑

　　　韓：? 시계, 당신– 이 준

　　　　　　　↓――――――↑

246

例文(15)は連体修飾部が主名詞の後ろに来たいわゆる倒置文で、このまま文が成り立つと言える。それに比べて日本語は

(16)　日：＊今度−は 新聞社の論説委員−が 言った。 背−の低い

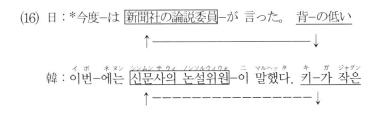

例文(16)のように、先行文の一成分を修飾していることもできる

(17)　日：＊そうです、それも 熱い　n

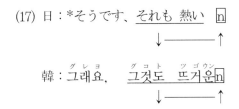

(18)　日：＊健忘症？老人性 惚け−の 軽い　　　n

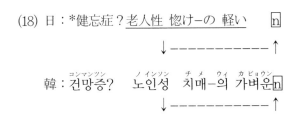

例文(17)、(18)のように主名詞が省略された形でも文として成り立つ。

以上の考察から次のようなことが言える。まず、韓国語の連体形は文末に来て、終止の機能を持ち、独立的であることに対して、日本語の連体形は文末に来ることが出来ず（文末に来られるとしても稀な例が多い）、非独立的であるということである。

5.2. 日・韓の連体述語と主名詞の間の関係表示

日・韓の連体述語と主名詞の間の関係表示を形態的に見ると、韓国語は終止形とは異なる形態を持ち、同じ形態を持つ日本語と異なっている。

(19) 나는 어제 산 사과를 먹었다.
(20) I ate the apple which I bought yesterday.
(21) 私は昨日買った林檎を食べた。

例文(19)の「산(san)」は動詞「사다」の語尾である「다」が取れ、「사」の語幹に動詞過去連体形である「ㄴ(n)」が付いた仕組みである。日本語の場合は例文(21)のように修飾節「私は

248

昨日買った」と主名詞「林檎」をつなげる形態的な表示がない
反面、韓国語の場合は、英語の関係代名詞の「which」よう
に、依存的ではあるが連体述語の活用語尾を関係節の表示
と認める立場もある。

6. 結論

　日本語の連体修飾節と韓国語の連体修飾節を比較するに
おいて、連体述語は比較対象にするにふさわしい素材であ
りながら、また、その意味機能が異なっているということ
から、いろいろな問題が発生する。

　本稿は、「真意性」という概念を導入しているが、この概
念は日本語と韓国語に同様に適用できる概念ではないとい
うことである。しかし、日本語には問われない「真意性」と
いう概念は無意味かもしれないが、素朴な希望から言う
と、日本語の基本連体形から韓国語を見なすとき、ちょう
ど当てはまる連体形がないということである。その逆も同
じである。「真意性」のある韓国語の現在連体形を知らず
に、そのまま適用してしまうと、主節の流れに誤用が生じ
る恐れがある。

　したがって、その差を認知する必要性を述べた。日本語は連体形と終止形の形態的な差がないため、主名詞の意味の考察に重点が置かれる。それに対して、韓国語は連体形と終止形の形態的な差があるため、連体述語の有り様に重点が置かれる。

　修飾節と主名詞を繋ぐ表示を形態的に見ると、韓国語は終止形とは異なる形態を持ち、同じ形態を持つ日本語と異なっている。日本語の場合は二つを繋げる形態的な表示がない反面、韓国語の場合は、英語の関係代名詞の「which」のように、依存的ではあるが連体述語の活用語尾を関係節の表示と認める立場もある。

結　章

結 章

　これまで総七章にかけて連体修飾節の構文構造について考察してきた。特に「制限用法」、「非制限用法」を中心に行った。連体修飾節に関する従来の研究は意味・統語的な観点による「内の関係」と「外の関係」、連体修飾節の中の名詞の主題化、連体述語と主節の述語の間のテンス、連体述語をめぐる陳述度などを調べた。それから、連体修飾節の意味論的な分類の一つである「制限用法」、「非制限用法」は形態的に顕在化していないという論に反して、改めて考察を行った。それでは次に記述の展開方式をみる。

「制限用法」、「非制限用法」の考察範囲を決める。

「制限用法」、「非制限用法」を区別する基準を立てる。

「制限用法」、「非制限用法」を区別する要因を明らかにする。

「制限用法」、「非制限用法」に形態的な顕在化を再検討する。

修飾部と主名詞に「という」と「との」が介在した形式を考察する。

⇓

連体修飾節における日・韓の対照も試みる。

　「制限用法」、「非制限用法」の定義というのは前者が修飾部が主名詞を限定し、グループ分けをし、後者は修飾部が主名詞を限定するのではなく、単に情報付加や特徴付けをすることを称すると言われてきた。

　その区別の手がかりは固有名詞か普通名詞かによる主名詞の意味類型であったが、修飾部と主名詞が同一であるにも関わらず二つに分けられるという考察を通して「制限用法」、「非制限用法」の区別が主名詞にあるという事実は必然的ではないことが分かるようになった。

254

　つまり、「制限用法」、「非制限用法」を考察するにおい
て、主名詞が普通名詞の場合は、主節にまで観察対象にす
べきだという結論を下すことが出来る。更に「制限用法」、「非
制限用法」というように解釈する時、これまでの定義として
は捉えにくい点があったが、その明確な区分を「specific」の
概念に沿って主名詞が「個」や「集合」関係なく特定指示され
るかどうかにあると断定したい。

　そして、主名詞が何であれ特定指示の主名詞になるため
には「現場性」の有無も無視できないことが分かった。今現
に目の前に行われている現象を描写するなど、感じたこと
を素直に描写する時には現場性を強く持つようになり、「非
制限用法」読みの解釈に繋がる要因になる。

　「現場性」を持つのであれば、その指示対象が明確に特定
に指定され、それが話し手に同定される。話し手を中心と
する現実世界に入り込んで、その場に限っての個別的事態
を表わすことができるのである。その他、仮定構文、再帰
構文はそれぞれ「制限用法」寄りの解釈、「非制限用法」寄り
の解釈になる傾向を見せるということを観察することがで
きる。

　今までは考察対象を複文レベルにしたが、「照応」という
観点を用いると、複文以上を対象にしないといけない。上

記の考察が意味するのは従来の研究から述べられてきた日本語の「制限用法」、「非制限用法」は構文的に顕在化されていないという論を「照応」に照らすとそうでもないということを証明したということである。

したがって、連体修飾節の「制限用法」、「非制限用法」は意味論的な領域だけではなく、構文構造からでも明らかに相違点が顕在化していると主張する。「という」と「との」の介在形式から見ていく。介在形式の「という」と「との」は他の介在形式とは異なって、主に節を受けるのでここではこれらに限定して、その構文上の位置づけと統語的な制約を考察した。

まず、意味用法が多様な「という」に比べ「との」はその意味用法が「引用」に限られている。更に、「との」は主に節を受けるが節である修飾部の形は制限されていない。直接話法や間接話法などが来られるし、名詞述語の場合は「ダ」の省略した形でも現れるので構文構造には比較的自由である。

日本語の連体修飾節と韓国語の連体節を比較するにおいて、連体述語は比較対象にするにふさわしい素材でありながら、また、その形式的な機能が異なっているということから、いろいろな問題が発生する。日本語は他の言語に比べて語順が自由だとされているが、連体形は終止形との弁

別がつかないということで主名詞に依存する形を取っている。しかし、もっぱら、表記形式の面から見て韓国語は、連体形が機能だけではなく、形態的に区別できるので比較的自由だと主張したい。

　上記のような考察を通して、究極的に本稿が目指すのは、連体修飾節における「制限用法」、「非制限用法」の規定を明らかにし、その規定に合わせて選択の基準を具体的に設ける。そして、最後に連体修飾節における「制限用法」、「非制限用法」は意味論的な分類だけではなく、考察の対象を拡張すると形態的にも十分顕在化されているという事実である。

参考文献

用例資料

「日本語の資料」

* 佐藤さとる(1973)『だれも知らない小さな国』講談社文庫

* 三浦綾子(1968)『塩狩峠』新潮文庫

* 三浦綾子(1982)『自我の構図』講談社

* 田山衣袋(1981)『東京の三十年』講談社

* 星 新一(1981)『だれかさんの悪夢』新潮社

* 加賀乙彦(1991)『見れば見るほど』中央公論社

* 野島伸司(1991)『101回目のプロポーズ』角川文庫

* 山村美紗(1992)『京都花の艶殺人事件』徳間文庫

* 有吉佐和子(1980)『ぷえるとりこ日記』角川文庫

* 井上 靖(1994)『あすなろ物語』新潮文庫

* 田辺聖子(1994)『姥勝手』新潮文庫

* 村上 竜(1996)『「京子」、「96」年間代表シナリオ集』映人社

* 辻 真先(1996)『殺人の多い料理店』実業之日本社

* 江国香織(1996)『流しの下の骨』新潮文庫

* 梁 石日(2004)『異邦人の夜』精文堂

* www.google.co.jp

「韓国語の資料」

* 김채원(1990)『「봄의 환」−이상문학상 수상작품집』문학사상사
* 신경숙(1992)『「풍금이있던자리」−이상문학상 수상작품집』문학사상사
* 유순하(1992)『「홍수경보」−이상문학상 수상작품집』문학사상사
* 윤정선(1992)『「해질녘」−이상문학상 수상작품집』문학사상사
* 한 강(2005)『「몽고반점」−이상문학상 수상작품집』문학사상사
* www.google.co.kr

参考資料

荒 正子(1989)「形容詞の意味的なタイプ」『ことばの科学3』言語学研究
　　　　会編 むぎ書房
池内正幸(1985)『名詞句の限定表現─新英文法選書─第六巻』大修館
　　　　書店
今西典子(1990)『照応と削除─新英文法選書─第11巻』大修館書店
上林洋二(1988)「措定文と指定文」『文芸言語研究・言語編』14号筑波
　　　　大学
大島資生(1995)「「は」と連体修飾節構造」『日本語の主題と取立て』くろ

　　　　しお出版

大島資生(2003)「連体修飾の構造」『朝倉日本語講座5―文法Ⅰ』くろし
　　　　お出版

井上和子(1976)「名詞句の構造」『変形文法と日本語(上)』大修館書店

奥田靖男(1978)「連体・終止・連体…」『日本語研究の方法』笠間書院

奥津敬一郎(1974)『生成日本文法論』大修館書店

加藤広重(2003)『日本語修飾構造の語用論的研究』ひつじ書房

北原保雄(1977)『「文法1」―岩波講座日本語6』岩波書店

金水　敏(1985)「名詞の指示について」『築島裕博士還暦記念国語学論集』
　　　　明治書院

金水　敏(1986)「連体修飾構造の機能」『松村明教授古希記念国語研究論
　　　　集』明治書院

金水　敏(1987)「時制の表現」『国文法講座6』明治書院

金水　敏(1992)『指示詞―日本語研究資料集―第一期第7巻』ひつじ書房

金水　敏(1994)「連体修飾の「～タ」について」『日本語の名詞修飾表現』
　　　　くろしお出版

工藤真由美(1985)「ノコトの使い分けと動詞の種類」『国文学解釈と鑑
　　　　賞』東京大学出版

久野　暲(1973)『日本文法研究』大修館書店

近藤達夫(2000)「いわゆる名詞句の多重層構造について」『現代言語学
　　　　の射程』英宝社

坂原 茂(1990)「役割ガ・ハうなぎ文」『認知科学の発展 3巻』講談社

佐治圭三(1993)「「の」の本質―「こと」「もの」との対比から―」『日本語
　　　　　　　学 第2巻 11月号』明治書院

佐藤里美(1997)『ことばの科学8―名詞述語文の意味的なタイプ』言語
　　　　　　　学研究会編 むぎ書房

柴谷方朗(1980)『日本語の分析』大修館書店

鈴木重幸(1972)『日本語・文法形態論』むぎ書房

砂川有里子(1991)「引用と話法」『講座 日本語と日本語教育4』明治書院

ソムキャット チャウエンギャッジ ワニッシュ(2000) 非限定の連体節
　　　　　　　に関する一考察―眼前描写の連体修飾節について『日本
　　　　　　　語科学7』国立国語研究所

高橋太郎(1965)「動詞の連体修飾法(1、2)」『動詞の研究』むぎ書房

高橋太郎(1979)「連体動詞句と名詞のかかわりあいについての序説」
　　　　　　　『言語の研究』むぎ書房

高橋太郎(1984)「名詞述語文における主語と述語の意味的関係」『日本
　　　　　　　語学3-12』明治書院

高橋太郎(1994)『動詞の研究』むぎ書房

高田 誠(1990)『対照言語学』桜風社

高山善行(1987)「従属節における」

田上 捻(1997)「連体装定の類型と交渉」『日本語文法』くろしお出版

寺村秀夫(1975)「連体修飾のシンタクスと意味―その1」『日本語・日本

文化4』大阪外国語大学

寺村秀夫(1984)『日本語のシンタクスと意味Ⅰ』くろしお出版

寺村秀夫(1984)『日本語のシンタクスと意味Ⅱ』くろしお出版

寺村秀夫(1984)『日本語のシンタクスと意味Ⅲ』くろしお出版

寺村秀夫(1984)「連体修飾のシンタクスと意味」『寺村秀夫論文輯2』く
　　　　　ろしお出版

坪本篤朗(1984)「文の中に文を埋めるときコトとノはどこが違うのか」
　　　　　『国文学―解釈と教材の研究 29-6』

坪本篤朗(1992)「現象(描写)文と提示文」『文化言語学―その提言と建設』
　　　　　三省堂

坪本篤朗(1995)「関係節と擬似修飾―状況と知覚」『日本語学』明治書院

益岡隆志(1994)「名詞修飾節の接続形式」―内容節を中心に」『日本語の
　　　　　名詞修飾表現』くろしお出版

益岡隆志(1995)「連体節の表現と主名詞の主題性」『日本語の主題と取
　　　　　立て』くろしお出版

益岡隆志(2000)『日本語の文法4―複文と談話』岩波書店

三原健一(1992)『日本語の統語構造』松柏社

三原健一(1993)「日本語従属節の時制－日英語対照研究シリーズ(1)」
　　　　　『時制解釈と統語現象』くろしお出版

森田良行外(1989)『日本語表現文型』アルク

森山卓郎(1992)「文末思考動詞「思う」をめぐって-文の意味としての主

観性・客観性」『日本語学11-8』明治書院

森岡健二(1965)「各論研究編(連体修飾)」『日本語表現文型』

長原幸雄(1990)『新英文法選書—第八巻関係節』大修館書店

中右 実(1997)『指示と照応と否定—日英語比較選書4』研究社出版

中畠孝幸(1990)「「という」の機能について」『阪大日本語研究』大阪大

　　　　　学現代日本語学講座

西山佑司(2000)「二つのタイプの指定文」『日本語の意味と文法の風景

　　　　　—国広哲也教授古希記念論文集』ひつじ書房

西山佑司(2003)『日本語名詞句の意味論と語用論』ひつじ書房

仁田義雄(1980)「連体結合の連合とその意味解釈」『語彙論的統語論』明

　　　　　治書院

仁田義雄(1991)『日本語のモダリティと人称』ひつじ書房

仁田義雄(1995)『日本語類義表現の文法(下)—複文・連文編』くろしお

　　　　　出版

仁田義雄(1997)『日本語文法研究序説』くろしお出版

仁田義雄(1998)「日本語文法における形容詞」『月刊言語』98-3大修館書店

仁田義雄(2000)『日本語の文法3—モダリティ』岩波書店

仁田義雄(2002)『日本語の文法4—複文と談話』岩波書店

丹羽哲也(1996)「ル形とタ形のアスペクトとテンス—独立文と連体節—」

　　　　　『人文研究48』大阪市立大学

丹羽哲也(1997)「連体節のテンスについて」『人文研究49』大阪市立大学

266

野田尚史(1996)『「は」と「が」』くろしお出版

三宅知弘(1995)「日本語の複合名詞句の構造」『現代日本語研究2』大阪
　　　大学

橋本　修(1990)「補文標識「の」「こと」の分布に関わる意味規則」『国語学
　　　―16-3』国語学会

橋本　修(1994)「「の」補文の統語的・意味的性質」『文芸言語研究・言語
　　　編』筑波大学文芸・言語学系

橋本　修(1995)「現代日本語の非制限節における主節時規準現象」『文芸
　　　言語研究・言語編27』筑波大学文芸・言語学系

橋本　修(2003)「第9章―日本語の複文」北原保雄編『朝倉日本語講座5』
　　　朝倉書店

橋本四郎(1985)「修飾」『日本語と日本語教育―文法編』』文化庁

樋口文彦(1996)『ことばの科学7―形容詞の分類』言語学研究会編むぎ
　　　書房

平野尊識(1992)「節の名詞化と補語の順序関係」『言語研究 102号』三省堂

藤田保幸(2000)『国語引用構文の研究』和泉書院

矢沢真人(1998)「日本語の感情・感覚形容詞」『言語27-3』大修館書店

安井　捻(1983)「修飾ということ」『日本語学2-10』明治書院

山田敏弘(1995)「所謂外の関係における項の出現制約に関する一考察」
　　　『現代日本語研究2』大阪大学現代日本語学講座

山梨正明(1992)『推論と照応』くろしお出版

辞・事典類

河野六朗編(1995)『言語学大辞典6術語編』三省堂

田中春美編(1987)『現代言語学辞典』成美堂

韓国語と日韓対照研究の参考文献

남기심(1973)『国語完形補文法研究』国語学会

―ナン・ギシン(1973)『国語完形補文法研究』国語学会

남기심(1999)『標準国語文法論』塔出版社

―ナン・ギシン(1999)『標準国語文法論』塔出版社

김영희(1981)『間接名詞』한글173・174

―キム・ヨンヒ(1981)『間接名詞』ハングル173・174

홍경표(1885)『韓国語文法』연세대학교

―ホン・ギョンピョ(1985)『韓国語文法』延世大学校

이・ホンシク(1990)『現代国語完形節研究』国立国語研究院

―이홍식(1990)『現代国語完形節研究』국립국어연구원

이・イクソブ外梅田博之訳(2004)『韓国語概説』大修館書店

―이익섭外(2004)『韓国語概説』大修館書店

イ・イクソブ(1998)『文法研究と資料』テハク

―이익섭(1998)『文法研究と資料』태학

ソ・ジョンス(1998)『国語文法』ハンヤン大学出版部

―서정수(1998)『国語文法』한양대학출판부

中島仁(2002)「現代朝鮮語の動詞の連体形hanについて」『朝鮮学報―183号』朝鮮学会

野間秀樹(1997)「朝鮮語と日本語の連体修飾節(冠形節)構造」『朝鮮文化研究4号』－東京大学文学部朝鮮文化研究室

著者略歴

┃ 남미영 南美英

1992년 한국외국어대학교 문학사
1996년 한국외국어대학교 문학석사
2009년 오사카대학 언어사회 문학박사
2019년 현재 경성대학교 인문문화학부 부교수

일본어 연체수식절의 제한용법과 비제한용법

初版印刷　2019年 11月 29日
初版發行　2019年 12月 11日

著　　者　南美英
發 行 者　尹錫賢
發 行 所　J&C Publishing company
　　　　　353, Uicheon-ro, Dobong-gu, Seoul, Korea
　　　　　Tel: 02)992-3253　Fax: 02)991-1285
　　　　　http://www.jncbms.co.kr
　　　　　jncbook@daum.net

ⓒ 南美英, 2019.

ISBN 979-11-5917-148-2　93730　　　　　　　　　　　정가 17,000원